Umeswaran Arunagirinathan

Allein auf der Flucht

Wie ein tamilischer Junge nach Deutschland kam

Umeswaran Arunagirinathan

Allein auf der Flucht

Wie ein tamilischer Junge nach Deutschland kam

KONKRET LITERATUR VERLAG

Wir danken Sybille Hartung, Hanne Hiob und Lisa Politt für die Unterstützung des Projekts

Lektorat: Nicole Petersen
Umschlaggestaltung: Zieneke PrePrint, Hamburg
Satz: satzbau GmbH, Hamburg
ISBN 3-89458-241-3
www.konkret-literatur-verlag.de

Lorenz Köhler gewidmet

Was man mit Gewalt gewinnt,
kann man nur mit Gewalt behalten.

Mahatma Gandhi

POINT PEDRO
JAFFNA
Puthur
ELEPHANT PASS
KILINOCHCHI
Thunukkai
MULLAITTIVU
TALAIMANNAR
MANNAR
VAVUNIYA
NILAVELI
MEDAWACHCHIYA
TRINCOMALEE
ANURADHAPURA
AVUKANA
PUTTALAM
POLONNARUWA
PASSIKUDAH
SIGIRIYA
DAMBULLA
KANDALAMA
BATTICALOA
CHILAW
KURUNEGALA
MATALE
PINNA-
WALA
KANDY
MAHIYANGANA
AMPARA
NEGOMBO
KATUNAYAKA
PERADENIYA
INGINIYAGALA
KEGALLA
COLOMBO
NUWARA
ELIYA
LAHUGALA
HATTON
ELLA
POTTUVIL
MT. LAVINIA
BANDARAWELA
WADDUWA
KALUTARA
RATNAPURA
BELIHUL
OYA
BERUWALA
KUDA OYA
KUMANA
BENTOTA
TISSAMAHARAMA
AMBALANGODA
BUNDALA
HIKKADUWA
HAMBANTOTA
GALLE
UNAWATUNA
TANGALLA
KOGGALA
MATARA
WELIGAMA

Das Wiedersehen mit meiner Mutter

Vor Aufregung konnte ich nicht schlafen. Unruhig wälzte ich mich im Bett hin und her, warf mich von einer Seite auf die andere. Irgendwann wurde es Morgen und die Sonne schien in mein Gesicht. Ich spürte, wie ihre Energie meinen Körper durchströmte. Ich war glücklich.

Heute würde der Traum in Erfüllung gehen, der mich seit 15 Jahren begleitete. 15 lange Jahre, mehr als mein halbes Leben, die ich meine Mutter nicht mehr gesehen hatte. Heute sollte es endlich so weit sein: ich würde sie wiedersehen. Ich sehnte mich nach ihr; ich sehnte mich nach der Umarmung der Frau, die mich auf die Welt gebracht hatte, die mich versorgt, gepflegt – und vor dem Krieg gerettet hatte. Sie hat viele Opfer gebracht und sogar ihr Leben riskiert, um mir eine Zukunft zu schenken, in Deutschland, wo ich in Sicherheit leben kann und wo Wörter wie Bomben, Soldaten, Waffen und Krieg kaum einen Platz in der Alltagssprache haben.

Ich blieb noch eine Weile im Bett liegen. Ich dachte darüber nach, mit welcher Selbstverständlichkeit ich hier im Frieden lebte. Der Krieg ist viele tausend Kilometer und für mich 15 Jahre weit weg. Ich dachte an meine Familie, an die Zeit, als wir alle noch zusammen waren: meine Großeltern, meine Eltern, meine Schwestern und mein kleiner Bruder. Plötzlich musste ich weinen. Vielleicht waren es Tränen der Freude darüber, dass ich an diesem Tag nach London fliegen und meine Mutter wiedersehen würde. Endlich hatte sie nach England reisen können und verbrachte nun einige Wochen im Haus meiner jüngeren Schwester in London. Vielleicht weinte ich auch darüber, wie zerrissen und auf der ganzen Welt verstreut unsere Familie mittlerweile lebt.

Ich drehte mich um und spürte die Erschöpfung im ganzen Körper, Folge der vielen Nachtdienste auf Station 19 in der Uniklinik in Lübeck. So verdiene ich das Geld für mein Studium. Patienten waschen, ankleiden, bewegen, Toilettenstühle hin und her schieben, Essen aufwärmen, füttern ... all die Arbeiten, die man als studentische Hilfskraft übernehmen muss, so genannte Extrawachen.

Ich musste noch zur Bank und Geld abheben. Ich sollte die Schulden bezahlen, die meine Mutter bei einem älteren tamilischen Ehepaar in London gemacht hatte. Sie brauchte das Geld für den Schlepper meines Bruders. Mein kleiner Bruder war auf der Flucht nach Kanada in New York festgenommen worden. Dort stellte er stellte einen Asylantrag, der tatsächlich auch bewilligt wurde. Jetzt lebt er in New York und hat auch eine Arbeit gefunden. Meine Mutter hat alle Kinder vor dem Krieg in Sicherheit gebracht, aber es hat wahnsinnig viel Geld gekostet, das meine Eltern sich von Freunden und Bekannten geliehen haben. Jetzt müssen mein Bruder und ich, als der älteste Sohn, die Schulden abbezahlen. Daher verbrachte ich in den letzten Monaten mehr Nächte auf Station 19 als zu Hause in meinem WG-Zimmer. Mit den Nachtdiensten verdiente ich soviel Geld, dass ich zumindest einen Teil der Schulden zurückzahlen konnte.

Ich errechnete anhand des Wechselkurses, wie viel Geld ich abheben musste, um den benötigten Betrag in Pfund bezahlen zu können. Eintausendsechshundertsechzig Euro brauchte ich. Soviel Geld hatte ich zuvor noch nie in der Hand gehabt. Ich verglich die Summe mit meinem Kontoauszug. Sie war deutlich höher als mein Guthaben.

Vor der Reise nach London wollte ich noch meinen Vater auf Sri Lanka anrufen. Er freute sich, meine Stimme zu hören und wiederholte immer wieder, ich solle mich in London von meiner Mutter bekochen lassen und mich die ganzen fünf Tage ordentlich satt essen. Für ihn bin ich immer noch ein Kind, das nicht in der Lage ist, selbst für sein Essen zu sorgen.

Er freute sich für mich und vor allem für meine Mutter, dass wir uns in wenigen Stunden wiedersehen würden. Aber er war auch traurig, dass er nicht dabei sein konnte. Er war jetzt ganz allein in Colombo, seine beiden Söhne leben in den USA und in Deutschland, seine beiden Töchtern in Kanada und in England. Sie sind beide verheiratet und haben Kinder, die mein Vater noch nie gesehen hat. Meine ältere Schwester starb, als ich noch klein war. Das alles ist nicht leicht für meinen Vater, zumal er schwer zuckerkrank ist und keine Möglichkeit hat, seine Kinder zu besuchen. Er spricht nie darüber, aber ich höre an seiner Stimme, wie sehr er unter der Einsamkeit leidet. Von einem Sohn wird erwartet, dass er die Gefühle seines Vaters spüren kann, auch ohne dass der sie ausspricht. Bevor ich das Gespräch beendete, fragte ich ihn noch, ob er genug Geld hätte, um alleine zurecht zu kommen. Dabei wusste ich genau, dass ich gar nicht in der Lage gewesen wäre, auch nur fünfzig Euro nach Sri Lanka zu schicken, da ich alles Geld, das ich hatte, dem Ehepaar in London geben musste.

Bevor ich das Haus verließ, um zum Flughafen zu fahren, nahm ich noch meine Ohrstecker raus. Ich wusste, dass meine Mutter Ohrschmuck bei Männern nicht mochte. Das ist eigentlich seltsam für eine traditionsbewusste Frau wie meine Mutter, denn auf Sri Lanka tragen die alten hinduistischen Männer auch heute noch Ohrringe. Bei jungen Männern dagegen wird dieser Schmuck als zu modisch abgelehnt. Ich hätte sie gerne einmal gefragt, warum dieselbe Sache einerseits als Tradition hochgehalten und andererseits als »zu modern« abgelehnt wird. Ich habe es bisher aber nicht getan, da ich befürchte, sie könnte sonst von mir enttäuscht sein.

Es war ein eigenartiges Gefühl, im Bus zum Flughafen zu sitzen. Ich erinnerte mich an den 6. Januar 1991, den Tag, an dem ich Sri Lanka verlassen und meine Mutter zum letzten Mal gesehen hatte. Jetzt war ich auf dem Weg zu ihr. Bilder stiegen aus meiner Erinnerung auf, von Freunden, Nachbarn, der Familie – und vor allem von meiner Mutter.

Machte ich mir Gedanken darüber, ob ich ihre Erwartungen erfüllte? Ehrlich gesagt, wusste ich nicht einmal, was sie von mir erwartete. Ich hatte Fotos dabei, um ihr zu zeigen, welche Menschen in meinem Leben in Deutschland eine Rolle spielen. Ich wusste, dass ich mich in vielen Bereichen von der Kultur meiner Familie entfernt hatte; ich fühle mich heute wie ein Deutscher unter Deutschen. Ich wusste auch, dass es meiner Mutter nicht leicht fallen würde zu akzeptieren, dass ich westlich orientiert denke und lebe; sie war noch nie in Deutschland und kennt diese Art zu leben nicht. Für sie bin ich immer noch der kleine Junge, den sie mit zwölf Jahren in ein Flugzeug gesetzt hat, einer unbekannten, aber hoffentlich friedlichen Zukunft entgegen. Um mich abzulenken rief ich meinen besten Freund an, mit dem ich telefonierte, bis ich am Flughafen angekommen war. Ihm zuzuhören, wie er von seinem Alltag und seinen Plänen fürs Wochenende erzählte – so herrlich normal –, beruhigte mich.

Nach dem Einchecken hatte ich noch über eine halbe Stunde Zeit und nutzte die Gelegenheit, mir an einem Kiosk Kaugummi und eine Flasche Wasser zu kaufen. Dann ging ich langsam auf die Kontrollzone zu, mein Handgepäck mit den eintausendsechshundertsechzig Euro hielt ich dabei fest umklammert. Ich stellte meine Tasche auf das Förderband, das sie durch den Röntgenapparat schickte. Bevor ich selbst durch die Kontrolle treten konnte, musste ich mein Cap absetzen und meinen Gürtel abnehmen. Mit halbhängenden Jeans ging ich durch die magische Tür der Sicherheitsbeamten und hörte das Geräusch, das ich nicht hören wollte. Pieppieppiep, sagte die Tür. Vermutlich waren es nur die Nieten an meiner Hose, aber es half nichts. Ich musste wieder zurück und wurde von einem Beamten in eine Ecke geführt, wo ich mich – ohne Schuhe und mit ausgestreckten Armen – auf ein Podest stellen musste. Das Bild erinnerte mich an da Vincis anatomisches Modell, welches man in fast allen Medizinbüchern findet. Es war eine komische Situation und auch etwas peinlich, wie der Mann mich von oben bis unten abtastete, während ich auf diesem Podest stand, in Socken, die auch noch zwei Löcher hatten. Ich hatte kaum Socken ohne Löcher, aber sie passten irgendwie zu meinen Jeans, die ebenfalls voller Löcher waren. Die waren allerdings absichtlich darin; die Hose hat mich zwei Sonntagsdienste als Extrawache auf Station 19 gekostet.

Endlich waren die Beamten überzeugt, dass ich keine Waffen oder Ähnliches am Körper versteckt hatte. Ich durfte mich wieder anziehen. Ich nahm meine Reisetasche und ging zu dem Kontrollhäuschen des Bundesgrenzschutzes. Die linke Seite ist für EU-Bürger, die rechte für alle anderen. Ich stand dort fast allein. Der

Mann mit dem grünen Anzug blätterte meinen Reisepass durch und schaute nach meinem Aufenthaltsstatus für Deutschland und, nicht zu vergessen, meinem Visum für Großbritannien.

Ein Visum zu bekommen ist eine aufwändige und kostspielige Angelegenheit für einen Nicht-Deutschen wie mich. Es gibt nur eine Visa-Hotline des britischen Konsulats in Düsseldorf, die über einen Euro pro Minute kostet. Hinzu kommt, dass man mindestens fünf Minuten braucht, um durch die ganzen Warteschleifen zu kommen. Einen Antrag per Post sollte man lieber nicht stellen. Die Bearbeitung dauert vier Wochen, und dann muss man vielleicht sogar persönlich im Konsulat erscheinen. So ging es auch mir. Ich hatte mich also vor ein paar Wochen auf den Weg nach Düsseldorf gemacht, im Gepäck 75 Euro Verwaltungsgebühr für ein sechsmonatiges Visum für Großbritannien sowie jede Menge Papiere, die Einladung meiner Schwester aus London, Studentenbescheinigung, Kontoauszüge, Verdienstnachweise und, und, und. Wenn man Glück hat und die Mitfahrgelegenheit nach Düsseldorf und zurück nicht mehr als 50 Euro kostet, bezahlt man für das Visum insgesamt 125 Euro. Das sind fast drei Flugtickets Lübeck-London und zurück. In dem Antrag muss man wahnsinnig viele Fragen zur eigenen Person beantworten. Einige davon machen meiner Meinung nach überhaupt keinen Sinn: »Waren Sie jemals an der Begehung, Vorbereitung, Organisation oder Unterstützung terroristischer Handlungen innerhalb oder außerhalb des Vereinigten Königreichs beteiligt oder waren Sie jemals Mitglied einer Organisation, die sich zur Förderung ihrer Ziele an Terrorismus beteiligt oder Terrorismus befürwortet hat?« Ich frage mich, ob jemals jemand diese Frage mit »Ja« beantwortet hat.

Plötzlich unterbrach der grün gekleidete Beamte meine Gedanken. »Sprechen Sie deutsch?«, fragte er. Ich war noch nicht wieder ganz in der Situation angekommen und antwortete zerstreut: »Ja, bitte? Kann ich Ihnen helfen?« Der Grenzbeamte musste unwillkürlich lächeln, er gab mir meinen Pass zurück und ich konnte passieren.

Nach dem Flug noch mal die gleiche Prozedur. Die Beamtin der Einwanderungsbehörde prüfte mein Visum genau und stellte mir genau die gleichen Fragen, die mir schon der Zollbeamte in Lübeck und davor schon die Angestellten des Konsulats gestellt hatten. Als sie auf Seite 22 in meinem Pass – der Seite mit dem Visum für Großbritannien – mit voller Wucht den Einreiseerlaubnisstempel aufdrückte, war ich sehr erleichtert und verließ den Schalterbereich. Draußen suchte ich nach den vertrauten Gesichtern meiner Schwester oder meines Schwagers. Es war gar nicht so einfach, unter den vielen indischen Gesichtern ein vertrautes auszumachen. In Deutschland hätte ich dieses Problem nicht. Dunkelhäutige Gesichter sind dort seltener und fallen mehr auf. Hier hatte ich fast den Eindruck, auf einem Flughafen in Indien zu sein, nur dass in London noch mehr Touristen waren. Nach einer halben Stunde hatte ich immer noch niemanden gefunden, der mich abholte. Ich rief meine Schwester Nala, die im Stadtteil East Ham lebt, an. Sie war ganz überrascht, dass ich noch am Flughafen war, da sie einen Cousin geschickt hatte, um mich abzuholen. Es stellte sich heraus, dass es ein Missverständnis darüber gegeben hatte, wer mich abholen sollte. Im Endeffekt war nun also gar keiner gekommen. Enttäuscht fuhr ich alleine mit dem Zug nach East Ham.

Ich wusste bereits, wo das ältere Ehepaar lebte, also ging ich zuerst zu ihnen, um endlich die Schulden zu bezahlen. Auf dem Weg hörte ich, wie fast überall Tamil gesprochen wurde. Etwa jeder Vierte, dem ich begegnete, war Tamile. Wie die Türken in Kreuzberg hatten sich die Tamilen hier in East Ham fast eine Art Little Sri Lanka geschaffen. Ich hätte jeden auf Tamil nach dem Weg oder der Uhrzeit fragen könne, es gab überhaupt keinen Grund, englisch zu sprechen. An jeder Ecke gab es tamilische Cafés, tamilische Gemüsehändler, tamilische Friseure, tamilische Internetcafés, Schneidereien, Arztpraxen, Anwaltskanzleien. An diesem Ort braucht ein Tamile keine andere Sprache als seine eigene. Kein Wunder also, dass so viele Tamilen freiwillig Ghettoisierung betreiben und sich aus dem Alltag ihres Gastlandes ausgrenzen. Von den Tamilen, die nach Europa auswandern, gehen die meisten nach London. Hier fühlen sie sich wohl, mit ihren Tempeln, Vereinen und Geschäften, die Waren und Nahrungsmittel aus ihrem Heimatland anbieten. Das ist verständlich, aber ihr Festhalten an der alten Heimat verhindert ihre Integration in die neue. Sie leben ja nicht wirklich in England oder in London; sie leben in einem Sri Lanka fern von der Heimat. Viele Ausländer, die an einem Ort zusammenkommen, machen es so, die Vor- und Nachteile sind bekannt.

Ich habe meine Schwester schon ein paar Mal in London besucht, bin aber immer wieder erstaunt über die Sturheit der Leute, ihre eigenen Traditionen und Ansichten auch in einem fremden Land unbedingt durchzusetzen. Das betrifft auch das Thema Heiraten. Meine Schwestern sind beide mit Männern verheiratet worden, die im Ausland lebten und die sie vorher nicht kannten. Beide sind Tamilen aus der oberen Kaste, der eine lebt in Kanada, der andere eben in London. Das gab den Ausschlag. Meine Schwester in London hat ihren Mann vor der Hochzeit nicht einmal gesehen; die Eheschließung fand in Indien statt und wurde von der Familie des Bräutigams organisiert. Meine Eltern haben meine Schwester zwar gefragt, ob sie einverstanden sei und ihr auch ein Foto des Mannes gezeigt, aber eine wirklich freie Wahl hatte sie nicht. Sie ist allerdings auch sehr traditionell erzogen worden und sieht es als ihre Pflicht an, ihre Familie zufriedenzustellen. Beide Schwestern sind eine Vernunftehe eingegangen. Hätten sie die freie Wahl gehabt, hätten sie sich wahrscheinlich andere Partner ausgesucht, aber eine Liebesheirat kommt im tamilischen Denken ohnehin nicht vor. Es ist tatsächlich so, dass Menschen, die aus Liebe heiraten, selbst wenn sie aus derselben Kaste kommen, in der Gesellschaft sehr argwöhnisch beobachtet werden. Es gilt als ungehörig, sich von Gefühlen leiten zu lassen.

Meine jüngste Schwester, die mit ihrem Mann und ihren zwei Töchtern in Kanada lebt, hat ihren zukünftigen Mann auf Sri Lanka bei einer Familienzusammenkunft getroffen und sich wenigstens mit ihm unterhalten können. Sie hat in die Ehe eingewilligt, um dem Krieg zu entkommen und hat sich mit ihrer Situation arrangiert. Aber ich glaube, wenn auf Sri Lanka kein Krieg wäre, hätte sie sich anders entschieden. Tamilische Männer, die im Ausland leben, heiraten vorzugsweise tamilische Frauen, die auf Sri Lanka aufgewachsen sind. Sie gehen davon aus, dass eine traditionell erzogene Frau weiß, wo ihr Platz ist und ihre Aufgaben als Ehefrau kennt und ohne Murren erledigt. Mit anderen Worten, sie soll Kinder in die Welt setzen und dem Mann gehorchen. Tamilische Frauen, die in Deutschland oder anderen westlichen Ländern aufwachsen, bekommen natürlich einen Eindruck von der dort vorherrschenden Kultur, auch wenn sie selbst nicht danach erzogen werden. Auch heute noch machen tamilische Eltern – ebenso wie viele Eltern aus muslimischen Ländern – einen Unterschied zwischen der Erziehung von Jungen und Mädchen. Es ist undenkbar, dass ein tamilisches Mädchen in Deutschland einen Freund haben darf oder auch nur abends mit Freunden ausgeht. Trotzdem kennen diese Frauen und Mädchen ihre Rechte und sind für die meisten tamilischen Männer schon viel zu modern und aufgeklärt. Ich bin auch ein tamilischer Mann, aber ich finde diese Einstellung widerlich. Selbst viele meiner besten Freunde denken so. Sie haben ihren Spaß mit deutschen Freundinnen, aber heiraten wollen sie nur eine Jungfrau, am besten eine aus ihrem Heimatland beziehungsweise dem ihrer Eltern, da die meisten von ihnen in Deutschland geboren sind.

Auf Sri Lanka gibt es auch noch Zwangshochzeiten, obwohl sie offiziell von den Tamil Tigers verboten sind. Der Zwang wird vor allem auf Frauen ausgeübt. Der Mann kann immer noch »Nein« sagen und eine Frau ablehnen; die Mädchen werden oft gar nicht gefragt. Meine Eltern sind nicht so herzlos; mein Vater ist Astrologe und vermittelt Ehepartner, indem er die Konstellationen der Sterne am Geburtstag der betreffenden Personen berechnet und schaut, ob sie zueinander passen. So hat er auch die Männer für meine Schwestern ausgesucht. Nun ist Astrologie natürlich keine exakte Wissenschaft. Ich habe keine Ahnung, ob irgendeins seiner Ergebnisse stimmt, aber die Tamilen auf Sri Lanka glauben daran. Ich kenne eine Frau, die zwangsverheiratet wurde. Sie und ihr Mann lebten in Deutschland, und er hat sie regelmäßig geschlagen. Statt Hilfe und Verständnis bekam sie von der Familie nur zu hören, was für eine schlechte Ehefrau sie doch sei, dass sie über so etwas redet. »Das ist privat, das geht niemanden etwas an.« Inzwischen hat sie ihren Mann verlassen und lebt mit ihrem Kind alleine. Sie waren beide noch zu jung für die Ehe und wollten gar nicht heiraten. Der Mann hat nur zugestimmt, weil seine Familie ihn so sehr unter Druck gesetzt hat. Den Frust darüber, dass er plötzlich Frau und Kind hatte und seine Freiheit einschränken musste, hat er dann an ihr ausgelassen. Es gibt viele solcher Fälle, nur kommen die wenigsten ans Licht, denn wie gesagt, so etwas ist Privatsache ...

Nach etwa 15 Minuten Fußweg kam ich auf die Lloyd Road, wo das ältere Ehepaar lebt. Ich klopfte an die Tür des Hauses, das genauso aussah wie alle anderen Häuser in der Straße. Ein alter Mann öffnete vorsichtig die Tür und hielt sich die Hand schützend über die Augen, da ihn die Sonne blendete. »Du bist Easwarys Sohn?«, fragte der alte Mann. »Komm rein, Junge.« Ich nahm mein Gepäck und trat ein. Drinnen zog ich meine Schuhe aus, wie es sich gehört, und ging ins Wohnzimmer. Dort saß die alte Frau in einer Ecke, mit ihrem grünen Sari und offenen Haaren, eine Tasse Tee in der Hand, und schaute ein tamilisches Fernsehprogramm an.

In England gibt es mittlerweile einige tamilische Fernsehsender, die man kostenlos empfangen kann. Sie zeigen hauptsächlich indische Fernsehserien von sehr unterschiedlicher Qualität. Aber für viele Leute ist das die einzige Freizeitbeschäftigung. Gerade ältere Tamilen wie dieses Ehepaar haben nur ihr winziges Haus mit einem Minigarten im Hinterhof, wo sie ihre Wäsche zum Trocknen aufhängen können. Ausgehen und etwas unternehmen können und wollen sie vielleicht auch nicht.

Die Frau wusste schon, wer ich war, bevor ich überhaupt etwas sagte. Als der alte Mann ins Zimmer kam, sagte ich zu ihm: »Ich habe etwas für euch, meine Mutter hat mir gesagt, ich soll es euch geben.« Der Mann wusste sofort Bescheid, dass es sich um die eintausendsechshundertsechzig Euro handelte. Aus meinem Handgepäck holte ich den weißen Umschlag mit dem Geld. Der alte Mann drehte sich um und ging die Treppe hinauf. Nach ein paar Minuten kam er mit einem Stift, einem kleinen roten Heft, einem Taschenrechner und seiner Brille zurück. Während ich mich mit der alten Frau unterhielt und tamilisches Fernsehen schaute, wo sich gerade zwei Familien nach einer Hochzeit um die Mitgift stritten, tippte der alte Mann mit quälender Langsamkeit Zahlen in seinen Rechner und schrieb die Ergebnisse in sein kleines rotes Heft. Als der frisch gebackene Ehemann seine Frau zurück ins Haus ihrer Eltern brachte, weil die die Mitgift nicht zahlen konnten, rief der alte Mann aus: »Junge, es sind genau eintausendsechshundertsechzig Euro.« – »Ich habe das Geld in englischen Pfund dabei«, sagte ich und gab ihm den Umschlag. Als seine Hände den Umschlag berührten, schloss ich die Augen und dachte an Gott, und auch er betete kurz. Dann öffnete er den Umschlag und zählte das Geld, indem er es in kleinen Stapeln zu je hundert Pfund auf dem Sofa verteilte. Es waren insgesamt eintausendeinhundertvierzig Pfund. Anschließend steckte er das Geld wieder in den Umschlag, tippte wieder Zahlen in seinen Taschenrechner und sagte dann: »Junge, das stimmt genau. Möchtest du einen Tee trinken?« Ich war jetzt in Gedanken ganz bei meiner Mutter, die nur zweihundert Meter Luftlinie von mir entfernt war. In meinem Magen kribbelte es; ich wollte endlich zu ihr. Ich lehnte den Tee dankend ab und machte mich auf den Weg zum Haus meiner Schwester. Ich ging ganz langsam; ich war gespannt, was mich wohl erwarten würde. Ganz in Gedanken versunken, zuckte ich zusammen, als ich plötzlich eine vertraute Stimme hinter mir hörte. Es war meine Schwester. Nala kam aus einem Laden, in dem sie Appam für mich gekauft hatte. Appam ist ein tamilisches Gericht, das ein bisschen aussieht wie ein Pfannkuchen, nur dass er mit Kokosmilch überbacken wird. Ich liebe Appam. In Deutschland bekomme ich das leider nur selten, aber jedes Mal, wenn ich meine Schwester besuche, kauft sie mir Appam. Hier in East Ham gibt es sogar einen Laden, der nichts anderes verkauft. Nala nahm mir mein Handgepäck ab und drückte mir meinen Appam in die Hand. Je näher wir dem Haus meiner Schwester kamen, desto flauer wurde mir im Magen. Als wir kurz vor der Haustür waren, wurde mir so schlecht, dass ich das Gefühl hatte, ohnmächtig zu werden. Ich sprach kein Wort und starrte nur auf die Tür. Meine Schwester öffnete und von drinnen hörte ich die Stimme meiner Mutter rufen: »Nala, bist du das?« Es war seltsam, ihre Stimme nach so langer Zeit so nah zu hören. Meine Schwester rief nach drinnen: »Mutter, schau mal, wen ich mitgebracht habe.« Meine Mutter kam aus dem Wohnzimmer, mit meinem Neffen, ihrem ersten Enkelsohn, auf dem Arm. »Mein Sohn!«, hörte ich sie laut rufen, dann verschwand sie wieder im Wohnzimmer. Sekunden später kam sie wieder zurück und sagte: »Mein Sohn, das ist mein Sohn.«

Sie lief aufgeregt hin und her, während ich meine Schuhe auszog und mit meiner Reisetasche in der einen und dem Appam in der anderen Hand ins Zimmer trat. Sie kam auf mich zu, ihren Enkel noch immer auf dem Arm und streichelte mir mit ihrer freien Hand über den Kopf, das Gesicht, den Rücken, so als könnte sie noch nicht glauben, dass ich wirklich da war. Dann nahm sie mich in den Arm und drückte mich an sich. In mir mischte sich ein unbeschreibliches Glücksgefühl mit großer Trauer. Es war furchtbar, meine Mutter so traurig, abgemagert und verhärmt vor mir zu sehen. Sie, die in meiner Erinnerung immer lachte, die stark und fröhlich war, eine Frau, die immer einen Ausweg wusste, die immer bereit war, für sich und ihre Kinder zu kämpfen, stand jetzt so müde und verloren vor mir, unglücklich darüber, mit meinem Vater auf Sri Lanka ganz allein zu sein. Sie weinte und weinte, ihre Freude, mich wiederzusehen, war riesengroß, aber gleichzeitig sah ich ihr an, dass die Sonne, die in meiner Kindheit immer aus ihrem Herzen geschienen hatte, verloschen war. Die Erfüllung ihres Lebenstraumes, ihre Kinder vor dem Krieg in Sicherheit zu bringen, hatte für sie viele Entbehrungen und große Einsamkeit bedeutet. Auch in mir stiegen jetzt die Tränen auf, aber noch konnte ich sie nicht herauslassen. Meine Mutter saß auf dem Sofa, hielt mit beiden Händen das Kind auf dem Arm und sagte immer wieder: »Schau, Kleiner, das ist dein Onkel. Mein Sohn ist da.«

Meine Schwester hatte Appam heiß gemacht und brachte es jetzt zusammen mit einem Becher Tee herein. Ich aß gierig, da es so gut schmeckte und ich seit dem Abflug nichts mehr gegessen hatte. Meine Mutter schaute mir beim Essen zu und erzählte, wie gerne ich als Kind Appam gegessen und was für Dummheiten ich als kleiner Junge gemacht hatte. Sie sah mich an und verglich mich mit dem Kind, das ich damals gewesen war und für sie immer noch bin. Sie schaute auf meine Jeans und fragte mich, warum ich die Löcher nicht flicken ließ. Sie konnte nicht verstehen, dass junge Menschen in Deutschland viel Geld ausgeben, um Hosen mit extra vorgefertigten Löchern zu kaufen. Meine Schwester lachte und versuchte ihr die Mode zu erklären, aber meine Mutter wollte davon nichts hören. Sie kritisierte meine Frisur, sagte, was wohl die Leute über mich denken, wenn sie mich so sehen. Sie bat mich, meine Haare anders zu kämmen. Ich versuchte, ihre Ansichten von ihrem Standpunkt aus zu sehen und erwiderte nichts. »Sie kennt das Leben in Europa nicht«, sagte ich mir, »sie weiß nicht, wie ich aufgewachsen bin und dass ich mich eben mehr als Deutscher denn als tamilischer Sri-Lanker fühle.« Es war sinnlos, mit ihr über löchrige Jeans oder Frisuren zu diskutieren. Allerdings war ich froh, dass ich wenigstens meine Ohrstecker in Lübeck gelassen hatte.

Die fünf Tage in London waren sehr aufregend, ich habe meine Mutter mit jedem Tag besser kennen gelernt. Die ersten Tage herrschte eine gewisse Fremdheit zwischen uns, die mit der Zeit aber schwand. Sie stellte so viele Fragen und ich beantwortete sie stundenlang, auch wenn auf jede Antwort eine neue Frage folgte. Ich fragte sie nach meinem Vater, nach den Nachbarn, die noch lebten, und vor allem fragte ich sie, ob sie etwas von meinen ehemaligen Klassenkameraden und Freunden gehört hatte. Am liebsten wäre ich mit meiner Mutter nach Sri Lanka geflogen, zu meinem Vater und um meinen Geburtsort Puthur und vielleicht alte Freunde wiederzusehen, falls noch welche von ihnen dort sind.

Sie erzählte mir sehr viel, und ich lernte sie in dieser Zeit ganz neu kennen. Es war sehr eigenartig für mich, dieser Frau zu begegnen, von der ich fast nichts mehr wusste und die mir doch näher stand als sonst jemand. In meiner Erinnerung war sie eine große starke Frau, zu der ich buchstäblich aufsehen musste. Jetzt war plötzlich sie es, die zu mir aufsah, denn ich bin mittlerweile einen ganzen Kopf größer als sie.

Leider konnte ich nicht viel Zeit allein mit meiner

Mutter verbringen. Alle wollten sie sehen. Die Freunde der Familie meiner Schwester waren natürlich neugierig. Aber auch einige ihrer Cousins und Cousinen leben in London. Sie hatten sich seit 25 Jahren nicht gesehen und meine Mutter war sehr glücklich über diese Begegnungen. Alle erzählten von früher, als sie noch jung gewesen waren und auf Sri Lanka lebten, noch vor dem Krieg. Meine Mutter blühte richtig auf, das konnte ich sehen. Unangenehm war mir nur, wenn sie mit mir angab: »Mein Sohn wird Arzt und studiert in Deutschland.« Aber ich ließ sie, denn sie war so stolz auf mich. Dabei war ihr anscheinend der finanzielle Aspekt meines zukünftigen Berufs der wichtigste. Als jeder ihrer Verwandten ihr 50 Pfund Taschengeld gab, fragte sie mich, wie viel das Geld auf Sri Lanka wert sei. Ich rechnete es mit ihr aus, dann sagte sie: »Wenn du Arzt bist, brauche ich doch kein Geld mehr von anderen zu nehmen, nicht wahr? Du wirst dich doch um mich kümmern?« Mir war zum Heulen zumute, als ich an meine finanzielle Lage dachte, aber ich sagte: »Natürlich, mach dir keine Sorgen.« Sie kennt mein Leben und meine Probleme nicht, sie sieht nur die neuen, großen Häuser der Nachbarn, die diese mit Geld aus dem Ausland bauen. Sie will im Alter einen ähnlichen Wohlstand, jetzt, wo alle ihre Kinder im Westen leben. So wie sie denken die meisten Menschen auf Sri Lanka, wahrscheinlich ist es überall in der Dritten Welt so: Die Menschen warten auf den Geldsegen der »reichen« Verwandten aus Europa und Amerika. Wie diese Verwandten oft in Wirklichkeit leben müssen, in heruntergekommenen Wohnungen, mit miesen Jobs, ausgegrenzt von der Gesellschaft, wissen sie nicht. Mir geht es noch gut, weil ich die Sprache kann, ich studiere und kann mich frei bewegen. Aber auch ich habe Sorgen. Ich muss meine Eltern unterstützen, meinen Schlepper und den meines Bruders abbezahlen. Ich lebe in einem kleinen WG-Zimmer und habe oft nicht die Zeit zu lernen, weil ich arbeiten muss.

Aber davon erzählte ich meiner Mutter nichts. Auch nicht, dass ich für mein Leben eigene Pläne habe. Sie sagte mir, wie sehr mein Vater darauf warte, mich nach dem Ende meines Studiums zu verheiraten. Sie versuchte, mir klar zu machen, wie wichtig es sei, eine tamilische Frau aus einer der oberen Kasten zu heiraten, wahrscheinlich, weil meine Eltern mit einer großen Mitgift für mich rechnen. Über dieses Thema zu reden ist mir sehr unangenehm. Noch kann ich das Gespräch dadurch beenden, dass ich ihr sage: »Lass mich erst mal in Ruhe mein Studium beenden.« Das hat für meine Eltern oberste Priorität, dahinter kann und muss alles andere zurückstehen. Aber lange wird diese Ausrede nicht mehr funktionieren. Ich möchte meine Eltern nicht enttäuschen, aber ich möchte mein Leben auch nicht nach ihren Vorstellungen leben. Dazu haben wir uns doch zu weit voneinander entfernt. So richtig nah war ich meiner Mutter auch jetzt nur selten.

In der Woche bei meiner Schwester schliefen meine Mutter und ich im selben Bett. In der ersten Nacht war ich erstaunt zu sehen, wie meine Mutter beim Einschlafen im Bett liegt. Exakt so, wie ich das tue. Zusammengekauert wie ein Fötus im Mutterleib lag sie da, genau wie ich in meinem großen breiten Bett in Lübeck. Ich lag neben ihr in meinem neuen Saram, den mir mein Vater gekauft hatte. Ein Saram ist eine Art Wickelrock für Männer. Ich vermisste meine Mutter sehr, obwohl sie nur wenige Zentimeter von mir entfernt war. Als Kind hatte ich immer ein Bein über meine Mutter oder meinen Vater gelegt, wenn ich einschlief. Meine Mutter hat mich immer umarmt, damit ich schlafen konnte. Jetzt war ich groß und nicht mehr das Kind, das von den Eltern behütet wird. Ich vermisste ihre Nähe, ihren Schutz, vermisste die gemeinsamen Nächte, all die Dinge, die ich als Kind erlebt hatte. Ich war zu lange von meinen Eltern getrennt gewesen, viel zu lang. Jetzt endlich flossen meine Tränen und ich ließ sie fließen und war glücklich, einfach nur glücklich. Während ich einschlief, trugen mich meine Gedanken zurück nach Sri Lanka, in eine Zeit, als wir alle noch zusammen waren.

Kindheit

Es war ein sonniger Tag, wie die meisten Tage auf Sri Lanka. Meine Mutter hatte sich vorgenommen, das ganze Haus zu putzen. Meine Geschwister und ich freuten uns; beim Putzen halfen wir immer gern mit und machten uns einen Spaß daraus. Das Wasser wurde auf den Boden gegossen und wir nahmen einen Besen zur Hand, den meine Großmutter aus Palmenblättern gemacht hatte. Die meiste Zeit aber lagen wir auf dem Boden und taten so, als ob das ganze Zimmer ein Schwimmbad wäre. Ich war noch nie in einem gewesen, aber ich hatte schon von vielen gehört, dass die reichen Leute, besonders im Ausland, ein Schwimmbecken im Haus hätten. Meine Geschwister und ich lagen auf dem Boden, rutschten hin und her und bewegten wie die Frösche Arme und Beine. Damit vergnügten wir uns eine ganze Stunde. Dann kam meine Mutter und warf uns raus, damit sie mit frischem Wasser richtig sauber machen konnte.

Ich ging an diesem Tag nicht zum Spielen nach draußen, sondern kletterte auf das Bett meines Großvaters und sah zu, wie Mutter sorgfältig und schnell den Boden polierte. Von draußen drangen Geräusche zu uns herein. »Onkels«, dachte ich. »Onkels« waren für uns Soldaten mit Waffen. Ich weiß nicht, warum wir sie ausgerechnet so nannten, es war einfach so: die Soldaten der Regierung waren »Onkels«, die Soldaten der Rebellen, die Tamil Tigers, unsere »großen Brüder«. Ich freute mich, als ich die Motoren ihrer Jeeps hörte, denn ich war sehr neugierig, wie die Soldaten wohl aussehen würden.

Bisher hatte ich nur Bilder von ihnen gesehen: große Männer mit grünen Anzügen und Waffen. Leider konnte ich jetzt nicht hinauslaufen, weil meine Mutter nicht wollte, dass ich den sauberen Boden wieder schmutzig machte. Voller Ungeduld hüpfte ich auf dem Bett meines Großvaters. Vom Fenster aus konnte ich nur die Jeeps erkennen. Trotzdem hüpfte ich voller Freude weiter. Meine Mutter schimpfte, dass ich noch das Bett kaputt machen würde und dass ich ja nicht auf ihren Sari springen solle, der darauf lag. Aber ich hörte nicht hin, ich dachte nur daran, was auf der Straße vorging und hüpfte weiter. Nach einigen Minuten wurde mir plötzlich schwindlig. In meinem Kopf drehte sich alles. Als die Jeeps außer Sichtweite waren, schaute ich hinunter auf das Bett meines Großvaters. Der ganze Sari meiner Mutter war voller Blut. Ich weiß noch, wie erstaunt ich über die tiefrote Farbe war. Auch das Bett war voller Blut! Erst jetzt bemerkte ich, dass mein Fuß blutete. Unter dem Sari hatte ein Silberbecher gelegen. Ich war darauf gesprungen und hatte mich verletzt. Mit einem Mal war meine ganze Freude verflogen, ich spürte nur noch die Schmerzen in meinem Fuß. Dass mir die Freude über die »Onkels« auch Schmerzen bereiten könnte, hätte ich nicht gedacht.

Meine Mutter rief nach meiner Großmutter, die rasch Kaffee und Zucker holte. Sie streute beides auf die Wunde und verband sie dann mit einem weißen Tuch aus einem alten Saram meines Großvaters. »Jetzt wird die Wunde schneller heilen«, sagte meine Großmutter. Sie kannte sich aus mit solchen Hausmitteln, die bei uns »Tamilmedizin« genannt wurden.

Mein Vater war an diesem Tag nicht zu Hause. Er war in Thunukkai, einem Ort etwa 100 Kilometer südlich von Puthur, wo wir lebten. Dort arbeitete er als Angestellter in einem Laden. Wenn Vater zu Hause gewesen wäre, hätte er mich mit dem Fahrrad zum Arzt bringen können. Zu Fuß war der Weg zu weit; für die ganze Region Puthur gab es nur einen einzigen Arzt. Außerdem war eine Behandlung sehr teuer. Solange die Tamilmedizin ausreichte, war es bei uns nicht üblich, zum Arzt zu gehen.

Mein Vater konnte nur selten nach Hause kommen, er hatte kaum Urlaub. Wenn er frei nahm, bekam er keinen Lohn, und dann ging es uns schlecht. Wenn er in großen Abständen nach Hause kam, brachte er viele Säcke mit Mangos und Reis mit. In Thunukkai, in der Nähe seiner Arbeitsstelle, besaßen wir ein kleines Stück Land mit Mangobäumen. Ich weiß nicht mehr, ob er es gekauft oder von seinem Vater geerbt hatte. Inzwischen hat er es verkauft, aber damals haben wir recht gut von diesem Land leben können. Das Beste war, dass es nicht bewirtschaftet werden musste. Die Mangobäume brauchen weiter keine Pflege. Mein Vater musste nur vor oder nach der Arbeit die reifen Früchte abernten.

In den Schulferien besuchten wir meinen Vater oft in Thunukkai. Wir, das waren meine Mutter, meine große Schwester und ich. Es war ein langer Weg. Die Fahrt mit dem Bus dauerte meist den ganzen Tag. Wir mussten schon früh morgens aufstehen und sehr oft umsteigen, bis wir endlich bei ihm ankamen. Vater freute sich jedes Mal riesig, wenn er uns sah.

Wenn wir in Thunukkai waren, wohnten wir bei einem Onkel, bei dem auch mein Vater lebte. Vor dem Haus gab es eine Pumpe, mit der man Wasser aus dem Brunnen pumpen konnte; das gab es selten. Die meisten Häuser hatten lediglich einen Brunnen, aus dem man Wasser mit einem Eimer schöpften musste.

Vater nahm uns manchmal mit in den Dschungel. Dort gibt es viele Affen und Elefanten. Wir durften nicht zu nah an die Elefanten heran, aber von weitem, aus einem Versteck heraus, zeigte Vater uns die majestätischen Tiere. Er schärfte mir ein, dass ich niemals geradeaus laufen solle, falls mich mal ein Elefant jagte, sondern immer im Zick-Zack. Er sagte, dass ein Elefant lange nicht so wendig sei wie ein Mensch und ich dadurch einen Vorsprung bekommen könnte. Vater war sehr besorgt um uns und ermahnte uns immer wieder, vorsichtig zu sein.

Er erzählte, dass er manchmal im Reisfeld schlief, damit die Elefanten aus dem Dschungel nicht das ganze Feld abfraßen. Er hatte eine kleine Hütte gebaut, in der er übernachten und auch seine Trommeln aufbewahren konnte. Wenn er in der Nacht die Elefanten kommen hörte, schlug er laut auf die Trommeln, um sie zu vertreiben. Einmal habe er sogar einem Elefanten gegenüber gestanden, erzählte er uns: Es sei zu spät gewesen, vor ihm zu flüchten. Er habe nur noch zu Ganesha, unserem Elefantengott, beten können und war tatsächlich mit dem Leben davon gekommen.

Mein Onkel nahm mich manchmal mit zum Fischen an den See, der mitten im Dschungel lag. Sogar bei einer Wildschweinjagd war ich einmal dabei. In Thunukkai gibt es in fast jedem Haushalt ein Gewehr; wenn man Fleisch essen möchte, muss man selbst ein Tier erlegen. Im Dschungel, der gleich hinter dem Ort beginnt, gibt es Wildschweine und Rehe. Eines Abends hörte ich, wie mein Vater, mein Onkel und einige der Nachbarn für den nächsten Tag eine Jagd planten. Ich war wahnsinnig neugierig und wollte unbedingt mitkommen. Aber niemand beachtete mich. Da fing ich an zu schreien und zu heulen und ließ mich gar nicht mehr beruhigen, bis mein Vater mir aus lauter Verzweiflung erlaubte, mitzugehen. Er verabredete, dass einer der Nachbarn mich auf den Schultern tragen und sich etwas abseits halten sollte, denn so eine Wildschweinjagd ist für Kinder viel zu gefährlich. Ich war überglücklich und konnte den nächsten Tag kaum erwarten.

Als mein Onkel mich am anderen Morgen weckte, war es draußen noch dunkel. Leise verließen wir das Haus, um uns mit den Nachbarn zu treffen und gemeinsam in den Dschungel zu gehen. An der Straße stand mein Vater und wartete auf uns. Neben ihm stand ein Mann mit einem Gewehr. Da wurde mir klar, dass mein Vater schon vorher im Dschungel gewesen war, dass die Jagd schon vorbei war. Es war ihm doch zu riskant gewesen, mich mitzunehmen. So ein Wildschwein kann sehr gefährlich werden. Deshalb hatte er mit den anderen verabredet, dass sie alleine auf die Jagd gehen würden. Jetzt sollten wir nur noch das erlegte Tier einsammeln. Wir gingen in den Dschungel, und schon nach wenigen Metern umfing uns die Natur völlig. Die vielen fremden Geräusche in der Dunkelheit machten mir ein wenig Angst, aber mein Vater beruhigte mich, dass wir ja ein Gewehr dabei hätten und ich mir keine Sorgen zu machen brauchte. Wir waren lange unterwegs, es wurde Tag und ich fand auf dem Weg immer wieder Pfauenfedern, die ich eifrig einsammelte. Pfauenfedern symbolisieren Saraswary, die Göttin des Wissens im hinduistischen Glauben. Auf Sri Lanka legen viele Schüler Pfauenfedern in ihre Schulbücher, um die Göttin gnädig zu stimmen, damit sie viel und schnell lernen. Vor einem Test oder einer Klausur nehmen sie die Feder heraus und beten zu Saraswary, dass sie den Test bestehen werden.

Auch die Affen im Dschungel interessierten mich sehr. Sie waren ziemlich neugierig und beobachteten uns alle genau. Wenn wir den Affen zu nahe kamen, sprangen sie von Baum zu Baum. Affen kann man nur schwer fangen; sie bilden meist geschlossene Gruppen. Wenn einer von ihnen in Gefahr ist, kommen ihm die anderen zu Hilfe. Es war schön, sie zu beobachten und zuzuschauen, wie sie sich gegenseitig lausten.

Schließlich erreichten wir die Stelle, an der das tote Wildschwein lag. Es war riesig und mit Ästen bedeckt, die die Erwachsenen jetzt aufschichteten und anzündeten. Nachdem sämtliche Borsten des Tieres versengt und abgebrannt waren, löschten sie das Feuer und wir machten uns auf den Heimweg. Zwei Leute trugen das erlegte Wildschwein an einem großen Stock befestigt auf den Schultern, ein Dritter trug mich. Das Fleisch des Wildschweins wurde in der ganzen Nachbarschaft verteilt; es war üblich, dass man sich mit dem Jagen abwechselte und die Beute untereinander teilte. Ich war an diesem Tag der wichtigste Junge im Ort; alle Kinder wollten meine Geschichte von der Wildschweinjagd hören. Meine Mutter und meine Tante bereiteten das Fleisch zu, und wir aßen es alle zusammen, während die Männer Palmenbier, das aus der Kokospalme gemacht wird, tranken und über die Jagd im Allgemeinen und Wildschweine im Besonderen fachsimpelten.

Wenn die Ferien vorbei waren und wir nach Hause zurückkehren mussten, gab Vater uns meistens Geld mit. Er war jedes Mal traurig, dass er uns nicht begleiten konnte, aber wir brauchten das Geld, das er in Thunukkai verdiente, zum Leben.

In Puthur besaßen wir auch ein Stück Land, auf dem wir Zwiebeln und Bananen anbauten. Nach der Zwiebelernte halfen uns die Nachbarn, die Zwiebeln in Säcke zu füllen, damit sie nach Colombo transportiert werden konnten. Einige Nachbarn besaßen einen Lastwagen; die sammelten dann im ganzen Ort die Zwiebelsäcke ein und fuhren damit in die Hauptstadt. Wenn die Lastwagen wieder zurückkamen, bekamen wir das Geld für unsere Zwiebeln. Den Nachbarn, die uns geholfen hatten, gaben wir Zwiebeln für den eigenen Gebrauch. Wenn Vater längere Zeit nicht nach Hause kommen konnte, schickte er uns Reissäcke. Reis ist bei uns Grundnahrungsmittel; davon hatten wir immer genug, Kartoffeln gab es dagegen nur ganz selten. Sie waren für uns zu teuer.

Irgendwann kündigte mein Vater seine schlecht bezahlte Stelle als Buchhalter in Thunukkai. Alles wurde immer teurer und sein Lohn reichte nicht mehr aus, um uns zu ernähren. Er kam zurück nach Puthur. Vater freute sich sehr, dass er wieder bei uns war. Ich freute mich riesig, weil ich bei meinem Vater mehr durchsetzen konnte als bei meiner Mutter, die sehr streng war.

Vater brachte uns getrocknetes Rehfleisch mit. Das war etwas ganz Besonderes, zumal wir auch sonst nur ganz selten Fleisch zu essen bekamen, vielleicht fünfmal im Jahr. Man musste großes Glück haben, um Rehfleisch zu bekommen, da es in Puthur keine Rehe gibt. Die Menschen halten sich Ziegen, die aber auch nur zu besonderen Anlässen geschlachtet werden. Fleisch kaufen konnte sich kaum jemand, dafür fehlte den meisten Familien das Geld. Bei uns gab es einmal in der Woche Fisch. Da Jaffna eine Halbinsel mit einer sehr langen Küste ist, gab es reichlich Fisch, der viel billiger war als Fleisch. Viele Tamilen verdienen ihren Lebensunterhalt als Fischer. Nicht weit entfernt von uns gab es einen Fischmarkt, auf dem man alle möglichen Meerestiere kaufen konnte. Ich ging oft mit meiner Großmutter zum Einkaufen; sie war bei uns für das Kochen zuständig. Meistens kochte sie Reis mit Gemüse. Spinat und scharf zubereitete Auberginen gab es praktisch jeden Tag. Sie kochte sehr gut, besser als meine Mutter, die als Kind – da sie nur einen Bruder hatte – nie viel im Haushalt hatte helfen müssen.

Eine Familie mit nur zwei Kindern ist bei uns sehr selten. Großmutter zum Beispiel ist in einer Großfamilie aufgewachsen wie die meisten Sri-Lanker. Sie hatte noch neun Geschwister. Die meisten ihrer Geschwister waren Jungs, die, wie auch die Männer, nie für die Küche zuständig waren. Sie arbeiteten meist auf den Feldern und mussten das Geld verdienen. An den Nachmittagen ging ich Holz sammeln. Damit machte ich Großmutter eine Freude, sie brauchte zum Kochen jede Menge Holz. Wenn ich besonders gute Laune hatte, holte ich sogar Wasser, das ich aus dem Brunnen unseres Nachbarn schöpfte. Nicht jede Familie hat einen Brunnen. Es kostet nämlich eine ganze Menge Geld, nach Wasser zu bohren und einen Brunnen zu bauen. Unser Brunnen war nicht gemauert und hatte keine Abdeckung. Deshalb konnte das Regenwasser hineinfließen und mit ihm viel Dreck und Unrat. Aus diesem Grund benutzten wir das Wasser aus unserem Brunnen in der Sommerzeit, die auf Sri Lanka allerdings fast das ganze Jahr dauert, nur zum Duschen und um die Pflanzen im Hof zu gießen. Der Nachbar hatte einen gemauerten Brunnen, den man abdecken konnte, so dass von den Seiten kein Regenwasser hineinlaufen konnte.

Mein Großvater lag oft auf einer Liege im vorderen Zimmer unseres Hauses und las Bücher. Er war ein sehr strenger Mann und kontrollierte immer, ob wir unsere Hausaufgaben ordentlich erledigt hatten. Manchmal gab er uns Gedichte zum Auswendiglernen. Wenn wir dann beim Aufsagen einen Fehler machten, wurden wir geschlagen. Er hatte immer einen riesigen Stock bei sich, mit dem er uns schlug, wenn wir ihm Ärger machten.

Mein Vater war anders. Er war ein sehr toleranter, liebenswürdiger Mann. Ich kann mich nur an eine oder zwei Gelegenheiten erinnern, bei denen er mich geschlagen hat. Das ist auf Sri Lanka eher ungewöhnlich, die meisten Väter sind sehr streng und prügeln ihre Kinder. Unserem Nachbarjungen hat man sogar mit einem heißen Eisen das Bein verbrannt. Die Narbe am Bein sollte ihn daran erinnern, was ihm blüht, wenn er ungehorsam ist. Meine Mutter war auch streng. Mein Vater sagte immer, dass ich mindestens einen Meter Abstand von meiner Mutter halten solle, sonst sei die Entfernung zwischen meinem Rücken und ihrer rechten Hand zu kurz. Wenn Mutter mich schlagen wollte, versteckte ich mich meist hinter meiner Großmutter, die mich beschützte. So trafen sie die meisten Schläge, die doch eigentlich mir galten. Oft nahm Großmutter meiner Mutter dann den Stock weg und beendete damit die Angelegenheit.

In der Schule bekam ich zum Glück selten Schläge, obwohl Prügel an der Tagesordnung waren. Ich war einigermaßen gut in der Schule, abgesehen von Englisch. In diesem Fach war ich einer der schlechtesten Schüler und bekam deshalb häufig Schläge. Ich kam mit dieser Sprache einfach nicht zurecht, sie war mir so fremd wie Chinesisch. Jedes Mal, wenn ich Englischunterricht hatte, bekam ich hundertfünf Grad Fieber – so kam es mir jedenfalls vor. Schließlich wusste ich schon vor dem Unterricht, dass ich Schläge bekommen würde. Nicht mal lesen konnte ich die englischen Texte, die Sprache lag mir einfach nicht.

Freitags wurde kontrolliert, ob wir alle unsere Fingernägel geschnitten hatten. Mädchen durften lange Nägel haben, Jungs aber nicht. Wer erst am Freitag merkte, dass er sich die Nägel hätte schneiden müssen, hatte Pech. Freitags durfte man sich aus religiösen Gründen die Fingernägel nicht schneiden. Wer also mit langen Nägeln in die Schule kam, wurde geschlagen. Viele Schüler kauten die Nägel auf dem Schulweg noch schnell ab, denn niemand wollte Schläge bekommen. Lehrer, die ihre Schüler prinzipiell nicht schlagen wollten oder einfach vom Schlagen erschöpft waren, ließen die Schüler manchmal in der Sonne knien.

Wenn wir Glück hatten, organisierte unsere Schule einmal im Jahr einen Ausflug. Einmal fuhren wir zu einem sehr schönen Strand, an dem viele Fischerfamilien lebten. Ihre Hütten standen in Strandnähe und dort lagen auch die kleinen Fischerboote aus Holz. Man konnte den Strand, den man besuchen wollte, nicht immer frei auswählen, denn viele Strände wurden von den Soldaten gesperrt. Wir durften bis zum Sonnenuntergang dort bleiben. Es war herrlich zu sehen, wie die Sonne langsam im Meer zu verschwinden schien. Der blaue Himmel wurde auf einmal rot-orange und man konnte den kühlen Wind am Meer genießen. Es war mein letzter Schulausflug mit meinen Freunden. An diesen Tag werde ich mich immer erinnern.

Sri Lanka

Sri Lanka ist eine wunderschöne Insel, mit vielen schönen Stränden. Im Süden liegen herrliche Berge mit Teeplantagen. In Kandy, der heiligen Stadt der Buddhisten, befindet sich ein Tempel, wo ein Zahn Buddhas aufbewahrt wird. Im Norden und Osten sind schöne Hindu-Tempel und prachtvolle buddhistische Tempel zu bewundern, außerdem stehen zahllose große Buddha-Statuen im ganzen Land. Im Nordosten kann man das türkisfarbige Meer schon sehen und überall wachsen Kokospalmen. Es gibt die verschiedensten Tiere; vor allem aber ist Sri Lanka eine Insel der Elefanten. Es gibt schöne Kirchen, freundliche Menschen und unterschiedliche Religionen – und das alles auf einer idyllischen mangoförmigen Insel.

Aber diese Idylle trügt. Seit Jahrzehnten wird Sri Lanka von einem Konflikt beherrscht, der sich, hauptsächlich im Norden des Landes, zwischen der singhalesischen Regierung und der tamilischen Minderheit abspielt.

Die Singhalesen und die Tamilen trennt eine jahrtausendealte Feindschaft. Unterschiedliche Religionszugehörigkeiten – die Tamilen sind größtenteils Hindus, die Singhalesen Buddhisten – führten zu Spannungen zwischen den Bevölkerungsgruppen. Die Singhalesen waren die ersten Einwanderer, die vermutlich aus dem Norden Indiens nach Sri Lanka kamen und dort nach und nach die Ureinwohner – die mit den australischen Aborigines verwandt sein sollen – verdrängten. Die Tamilen kamen erst später, daher betrachten sich die Singhalesen als die rechtmäßigen Eigentümer der Insel. Die Tamilen sind immer eine Minderheit auf Sri Lanka gewesen; heute stellen sie etwa 18 Prozent der Bevölkerung, die sich wiederum aus Ceylontamilen (die zum Teil bereits seit Tausenden von Jahren auf Sri Lanka ansässig sind) und so genannten Indientamilen, die von den Engländern während der Kolonialzeit ins Land geholt wurden, zusammensetzen. Darüber hinaus gibt es auf der Insel noch die muslimische Minderheit der Moors, Nachfahren arabischer Händler, die wie die Tamilen unter den Repressionen der singhalesischen Regierung zu leiden haben. Sie bilden mit ungefähr acht Prozent die kleinste Bevölkerungsgruppe.

Vor der Eroberung des Landes durch die Portugiesen im Jahre 1508 kam es immer wieder zu kriegerischen Auseinandersetzungen zwischen den tamilischen Königreichen im Norden und den singhalesischen im Süden, die aber nicht so gravierend waren, dass die Existenz eines der Völker gefährdet gewesen wäre. Nachdem die Portugiesen das Land an die Holländer (1658) und diese es wiederum an die Briten (1796) verloren hatten, kehrte Ruhe ein. Die britischen Kolonialherren machten jedoch den Fehler, die gebildete tamilische Minderheit gegenüber der singhalesischen Mehrheit in allen wichtigen Bereichen zu bevorzugen. Höhere Beamtenposten wurden ausschließlich an Tamilen vergeben. Daneben wurden viele Tamilen als Landarbeiter aus Südindien – der ursprünglichen Heimat der Tamilen – ins Land geholt. Das führte zu großem Unmut unter den Singhalesen. Als Sri Lanka 1948 innerhalb des britischen Commonwealth die Unabhängigkeit erlangte, begannen die Singhalesen, die nun die Regierung stellten, die Rechte und Privilegien der Tamilen systematisch zu beschneiden. Hunderttausende

Indientamilen, die von den Engländern wie Sklaven ausgebeutet worden waren, verloren im Zuge der diskriminierenden Regierungspolitik das Wahlrecht sowie ihre Bürgerrechte und wurden zu Staatenlosen. Sie wurden per Gesetz zu Ausländern erklärt, die theoretisch innerhalb eines begrenzten Zeitraumes ihre Einbürgerung beantragen konnten, vorausgesetzt, sie konnten bis 1946 schon mindestens zehn Jahre Aufenthalt durch Arbeitsverträge nachweisen, von denen die meisten schriftlich nie existiert hatten. So verlor schließlich die Hälfte der tamilischen Bevölkerung ihre Bürgerrechte. 1965 wurde Singhalesisch zur alleinigen Amtssprache erklärt; damit wurde sowohl den Tamilen als auch den Moors ihr Sprachrecht genommen. Auf diese Weise wurden die Tamilen auch aus dem Staatsdienst, sowohl in Schulen als auch bei Militär und Polizei, gedrängt, denn Singhalesisch ist schwer zu erlernen und die Tamilen waren den Singhalesen gegenüber nicht mehr konkurrenzfähig. Sie wurden von so genannten »Privilegierten« zu Menschen zweiter Klasse, die im Alltag und besonders im Umgang mit Behörden stark benachteiligt waren. Nachdem ihnen sogar der Zugang zu den Universitäten verwehrt und damit das Recht auf Bildung, das bei den Tamilen traditionell sehr hoch gehalten wird, genommen wurde, begann die tamilische Jugend zu rebellieren.

Mitte der 1970er Jahre gründete sie die »Tamil New Tigers« (TNT), aus der später unter der Führung des als fanatisch geltenden Veelupillai Prabhakaran die Guerillatruppe »Liberation Tigers of Tamil Eelam« (LTTE) wurde. Diese Gruppe von Radikalen, die bis heute einen unabhängigen Tamilenstaat, Tamil Eelam, im Norden Sri Lankas fordert, machte vor allem durch Selbstmordattentate von sich reden, denen unter anderem der damalige indische Präsident Rajiv Gandhi und der singhalesische Regierungschef Ranasinghe Premadasa zum Opfer fielen.

Im Jahr 1971 revoltierte die singhalesische Jugend gegen die Regierung. Sie forderte Arbeit und bessere Lebensbedingungen. Die Wirtschaftslage im Süden des Landes war katastrophal, und die Regierung schien nicht willens oder imstande, an der Situation etwas zu ändern. Druck bekam sie von der Mitte der 1960er gegründeten marxistischen Partei JVP (»Janatha Vimukthi Peramuna«, zu deutsch etwa »Befreiungsfront«). Diese Partei forderte die Regierung wiederholt auf, ihre Wahlversprechen einzuhalten, sie organisierte Streiks und Demonstrationen. Nachdem die singhalesische Regierung im September 1970 einen Streik von Plantagenarbeitern brutal zerschlagen hatte, wurde klar, dass die JVP einen Großteil der Bevölkerung auf ihrer Seite hatte. Als Versuch, die Macht der JVP zu zerschlagen und ihren Einfluss zu brechen, ließ die Regierung JVP-Mitglieder unter fadenscheinigen Vorwänden verhaften und einsperren. Das Resultat dieser Aktionen war, dass die JVP sich bewaffnete. Anfang April 1971 besetzte die JVP 50 Polizeistationen und blockierte die Straße von Colombo nach Kandy. Die Regierung versuchte, diesen Aufstand von hauptsächlich jugendlichen Rebellen brutal niederzuschlagen und verbreitete Angst und Schrecken in der Bevölkerung. Zehntausende wurden verhaftet oder getötet.

Die singhalesische Regierung hatte sich einen neuen Feind geschaffen, den sie bekämpfen musste. Die Aktionen der JVP schwächten die militärische Stärke der Armee, die jetzt an zwei Fronten kämpfte. Die Tamil Tigers nutzten diese Situation sofort zu ihrem Vorteil. Viele ihrer spektakulärsten Aktionen fallen in die Folgezeit des

JVP-Aufstandes. Dadurch verspielten sie international jedoch viele Sympathien. 1997 wurden die Tamil Tigers in die US-Liste der terroristischen Vereinigungen aufgenommen.

Die parlamentarischen Vertretungen der Tamilen, die den Norden und Osten des Landes regierten und versuchten, den Konflikt friedlich beizulegen, verloren gegenüber der LTTE zunehmend an Bedeutung. Anhänger und Sympathisanten der tamilischen Parteien TULF (»Tamil United Liberation Front«) und CWC (»Ceylon Workers Congress«) wurden von den Tamil Tigers massiv eingeschüchtert und viele wurden ermordet. Die Unfähigkeit der tamilischen Parteien, ihre Position gegenüber der singhalesischen Regierung zu verteidigen beziehungsweise untereinander einen Konsens zu finden, brachte einen Großteil der tamilischen Bevölkerung dazu, sich der LTTE zuzuwenden. Jedoch leidet auch das Volk unter seinen »großen Brüdern«: Es wird erpresst, für die Sache der Tigers Geld zu spenden und selbst Kinder werden verführt, sich den Tamil Tigers anzuschließen, die sie dann zu Soldaten ausbilden. Die LTTE ist keine Partei, sondern eine Miliz; ihr erklärtes Ziel ist die Errichtung eines unabhängigen Tamilenstaates, was ihrer Meinung nach nur mit Gewalt erreicht werden kann. Verhandlungsangebote und Schlichtungsversuche Dritter stoßen bei ihnen auf taube Ohren, wobei auch gesagt werden muss, dass die Zugeständnisse der singhalesischen Regierung bislang verschwindend gering sind.

Am 23. Juli 1983 töteten Kämpfer der Tamil Tigers 13 singhalesische Soldaten. Daraufhin kam es überall im Land zu furchtbaren Pogromen gegen Tamilen. Die Armee setzte tamilische Geschäfte und Märkte in Brand. Viele hinduistische Tempel wurden zerstört. Auch die tamilische Bibliothek von Jaffna, in ganz Asien berühmt für ihre einzigartige Sammlung von fast hunderttausend Büchern und Manuskripten, fiel der Brandstiftung zum Opfer. Der Bürgerkrieg hatte begonnen.

Plötzlich war jeder Tamile als Terrorist verdächtig. Singhalesische Soldaten drangen in die Häuser tamilischer Familien ein; alle Männer zwischen achtzehn und fünfunddreißig wurden unter dem Generalverdacht, ein Tamil Tiger zu sein, verhaftet. Die Fischerboote wurden von der Marine mit Raketen beschossen, um den tamilischen Fischern die Existenzgrundlage zu nehmen. Außerdem ließ die Regierung im Norden des Landes den Strom abschalten und verhängte über das ganze Gebiet eine Wirtschaftsblockade. Die Tamilen befanden sich in ständiger Lebensgefahr – Tausende wurden von Regierungstruppen ermordet.

Einmal wurde sogar ein Mitarbeiter des Roten Kreuzes festgenommen, der die Verletzten versorgt hatte und die Leichen der Zivilisten abtransportieren musste. Er und seine Frau standen völlig unbegründet, allein auf Grund der Tatsache, dass sie Tamilen waren, im Verdacht, heimlich für die Tamil Tigers zu arbeiten.

Vor diesem Hintergrund gewannen die Tigers für die Tamilen immer mehr an Bedeutung: Sie wurden zu »ihren Jungs«, die als einzige ihre Interessen vertraten und sie vor den singhalesischen Soldaten schützen konnten. Man versorgte sie mit Lebensmitteln und half ihnen, Waffen zu besorgen. Die LTTE heizte die Stimmung mit Geschichten über angebliche Helden und Märtyrer der gerechten Sache weiter an. Sie riefen Feiertage aus für die gefallenen Opfer des Krieges. Nicht nur Jungen und Männer schlossen sich den Tamil Tigers an, sondern auch viele junge Frauen, vor allem diejenigen, die von Regierungssoldaten vergewaltigt worden waren. Sie schworen, ihre Familien vor dem gleichen Schicksal zu bewahren. Die LTTE konnte sich der Unterstützung durch die Bevölkerung sicher sein; viele Familien beherbergten Tamil Tigers. Das lieferte jedoch der singhalesischen Regierung den Vorwand, praktisch jeden Tamilen als Sympathisanten zu verdächtigen.

Der Krieg

Zu meinen frühen Kindheitserinnerungen gehören Gespräche darüber, wie man das Land am besten verlassen und wohin man flüchten könnte. Meine Heimat, mein Zuhause, war nicht sicher; hier war man immer in Lebensgefahr und eigentlich wollten die meisten Menschen nur weg. Das war ganz normal, es war Krieg, die Eltern wollten ihre Kinder in Sicherheit wissen. Welche Länder galten als sicher und welche Mittel und Wege gab es, dorthin zu gelangen? Meine Mutter hat sich immer in der Nachbarschaft nach Fluchtmöglichkeiten für uns Kinder umgehört. Man kannte ja Nachbarn, die geflohen waren oder ihre Kinder mit Schleppern nach Europa und Amerika geschickt hatten. Konkret wurden ihre Fluchtpläne, als meine große Schwester sehr krank wurde.

Eines Tages kam meine große Schwester mit einer Kokosnussschale voll Urin zu meiner Mutter. Ihr Urin war rot wie Blut. Meine Eltern waren ratlos. Großmutter fragte unsere Nachbarin, was sie machen sollte. Die riet ihr, Reis in die Kokosnussschale zu füllen, um zu überprüfen, ob sich der Urin wirklich durch Blut oder nur durch den Farbstoff von Roter Beete gefärbt hatte. Großmutter holte aus der Küche Reis und gab ihn in die Schale. Wenn Blut im Urin war, dann – so hieß es – durfte sich der Reis nicht verfärben. Der Reis färbte sich nicht rot. Deshalb ging meine Mutter mit meiner Schwester ins Krankenhaus nach Jaffna. Nach einigen Untersuchungen stellten die Ärzte eine schwere Nierenerkrankung fest, die aufgrund unzureichender Behandlung schließlich zu einem totalen Nierenversagen führte. Normalerweise kann man so eine Nierenbeckeninfektion mit Antibiotika gut behandeln, aber bei uns gab es keine Medikamente für meine Schwester. Ich weiß nicht, ob sie überhaupt keine Antibiotika oder nur zu wenig bekommen hat; ich weiß nur, dass sie im Laufe der Zeit immer mehr verschiedene bunte Pillen schlucken musste, die im Grunde aber nur die Symptome der Folgeerkrankungen wie Wassereinlagerungen im Körper lindern sollten.

Von diesem Tag an ging es meiner Schwester immer schlechter. Sie durfte keinen Sport mehr treiben und sich auch sonst nicht zu viel oder zu schnell bewegen. Sie konnte auch nicht mehr normal essen, sondern musste eine spezielle Diät einhalten.

Das war nicht einfach für meine Eltern. Meine Mutter ging mit ihr von einem Krankenhaus zum nächsten, obwohl die Behandlung sehr teuer war. Mutter verkaufte ihren Schmuck, um das Geld dafür aufzubringen. Vater verdiente als Beifahrer bei Reistransporten auch wieder etwas Geld, das größtenteils für die Arztrechnungen draufging. Die meiste Zeit pendelte Mutter zwischen unserem Haus und dem Krankenhaus hin und her. Dabei war die Fahrt zum Krankenhaus sehr gefährlich, denn die Soldaten hatten schon öfter auf Busse geschossen. In den Zeitungen las man immer wieder, dass Menschen auf der Straße erschossen wurden. Viele wurden vermisst, vor allem junge Menschen zwischen achtzehn und dreißig.

Ich kannte das Leben in Frieden kaum. Die Tage – wenn man Glück hatte Wochen – in denen es friedlich war, waren zu kurz, als dass wir sie richtig genießen konnten. Wir versuchten es, aber der Krieg war allgegenwärtig. Ich konnte mir überhaupt nicht vorstellen, wie es ist, in einem Land zu leben, in dem kein Krieg herrscht.

Einmal nahm Mutter mich mit zu meiner Schwester ins Krankenhaus. Als wir dort ankamen, sah ich vor dem Krankenhaus einen Wagen vom Roten Kreuz. Ein Mann in weißer Kleidung brachte die Leiche eines jungen Mannes herein, der von den Soldaten erschossen worden war. Mutter versuchte, mir die Augen zuzuhalten, aber trotzdem sah ich das schreckliche Bild, das ich nie vergessen werde: einen blutüberströmten Körper in zerfetzten Kleidern. Es sah so aus, als ob das Opfer von den Soldaten erst totgeschlagen und dann erschossen worden war. Mutter zog mich schnell beiseite, um mir diesen furchtbaren Anblick zu ersparen. Den anderen Leuten um uns herum schien das nichts auszumachen; für sie gehörten Leichen zum Alltag.

Durch den Krieg wurde alles immer teurer. Brot zum Beispiel kostete plötzlich das Doppelte. Nur die Wenigsten hatten täglich drei Mahlzeiten; einige beschränkten sich auf zwei, andere sogar auf nur eine Mahlzeit. Ich konnte froh sein, dass ich noch dreimal am Tag etwas zu essen bekam, auch wenn es nicht immer das war, was ich gerne gegessen hätte.

Auch die Behandlung und die Krankenhausaufenthalte meiner Schwester wurden teurer und meine Eltern konnten die Rechnungen schließlich nicht mehr bezahlen. Im Krankenhaus war irgendwann auch kein Platz mehr, so dass sie wieder zu uns nach Hause kam. Von da an ging Mutter einmal in der Woche mit ihr ins Krankenhaus und besorgte die nötigen Medikamente. Die Medikamente belasteten ihren Körper sehr und man sah ihr an, wie schwach sie war.

Eines Tages erzählte ein Bekannter, dass es in Indien Medikamente gäbe, mit denen man meine Schwester heilen könnte. Indien war zwar nicht weit entfernt, aber durch den Krieg war es schwierig geworden, dorthin zu reisen. Zudem kannten meine Eltern in Indien niemanden, der meiner Schwester dort hätte helfen können. So wären neben dem teuren Flug zusätzlich noch Kosten für eine Unterkunft angefallen. Neben diesen finanziellen Schwierigkeiten war nicht einmal sichergestellt, ob diese Medikamente meiner Schwester wirklich helfen würden. Trotz all dieser Schwierigkeiten und Unsicherheiten wäre meine Mutter bereit gewesen, unser Stück Land zu verkaufen und mit meiner Schwester nach Indien zu fliegen.

Schließlich gab es noch die Möglichkeit, meine Schwester in Colombo behandeln zu lassen, und das wäre bei weitem nicht so teuer gewesen wie ein Flug nach Indien. Aber selbst diese Reise gestaltete sich schwierig. Viele Straßen waren gesperrt, und es war lebensgefährlich, sich auf den Weg in die Hauptstadt zu machen. Meine Eltern baten Mitarbeiter des Roten Kreuzes um Hilfe. Sie brachten meine Schwester und meine Mutter nach Colombo. Aber auch diese Anstrengung war umsonst, nichts half meiner Schwester. Die Behandlung wurde immer teurer und schließlich mussten beide doch wieder nach Puthur zurückkehren.

Die Ärzte in Colombo hatten gesagt, dass die Nierenerkrankung meiner Schwester in Deutschland behandelt und sogar geheilt werden könnte. Aber Deutschland war für uns eine andere Welt. Schon eine Behandlung im nahe gelegenen Indien wäre sehr teuer gewesen – in Deutschland musste sie eigentlich unbezahlbar sein. Aber da der Bruder meiner Mutter in Hamburg lebte, bestand doch eine geringe Chance. Er war bereits 1979 ausgewandert. Damals war es für ihn kein Problem gewesen, ein Visum zu bekommen. Da er nachweisen konnte, in einer wirtschaftlichen Notlage zu sein, bekam er zunächst eine befristete Aufenthaltsgenehmigung. Er hat in Deutschland eine Ausbildung gemacht und erhielt 1999 einen deutschen Pass. Meine Mutter hoffte auf seine Unterstützung und nahm Kontakt mit ihm auf. Aber da die deutschen Behörden ganz sicher keine Einreisegenehmigung erteilt hätten, hätte meine Schwester nur mit Schleppern nach Deutschland geschleust werden können. Und dieser Weg war mit vielen Schwierigkeiten verbunden: Es würde Tage dauern, überhaupt Schlepper zu finden, und die Flucht nach Deutschland würde langwierig und sehr gefährlich sein. Schon viele Flüchtlinge sind auf dem Weg nach Europa verhungert oder in Containern erstickt. Meine Mutter entschied dennoch, es auf diesem Weg zu versuchen. Und obwohl das Geld eigentlich nicht ausreichte, fuhr sie mit meiner Schwester nach Colombo.

Trotz der Sorgen und Risiken waren meine Eltern erst einmal froh, dass sie einen Weg gefunden hatten, meine Schwester in Deutschland behandeln lassen zu können. Mutter bereitete die Fahrt nach Colombo vor und packte die dafür notwendigen Sachen. Auch diese Reise konnte länger dauern als geplant. Nachdem wir uns von meiner Schwester verabschiedet hatten, brachen die beiden ganz früh am Morgen auf. Wir hofften, dass alles gut verlaufen würde. Leider hatten wir uns getäuscht. Noch am selben Abend kamen die beiden wieder zurück. Die Straßen nach Colombo waren von den Soldaten gesperrt worden. Auch der Zug in die Hauptstadt fuhr wegen einer Bombenexplosion nicht mehr.

Meine Schwester konnte nun auch nicht mehr im Krankenhaus in Jaffna Town weiterbehandelt werden. Die Fahrt dorthin war zu gefährlich geworden, und außerdem wurden viele Abteilungen wegen der Raketenangriffe geschlossen. Es blieb also nichts anderes übrig, als meine Schwester mit Hausmedizin oder auch mit traditioneller Schulmedizin, die wir »englische Medizin« nannten, zu versorgen. Kräuter und Gewürze, übriggebliebene Tabletten und Krankenhausmedikamente mussten ausreichen. Mutter kümmerte sich den ganzen Tag um meine Schwester.

Eines Nachts kam mein Vater mit einem verletzten Fuß nach Hause. Er war sehr aufgeregt und durcheinander. Tränen liefen ihm über die Wangen, ich sah ihn zum ersten Mal weinen. Er war vor den Soldaten geflüchtet, hatte sich stundenlang im Wald verstecken und viele Kilometer zu Fuß laufen müssen. Zum ersten Mal sah ich sogar Angst in seinem Gesicht. Vater umarmte uns Kinder so fest wie nie zuvor – als ob er uns beinahe nie wiedergesehen hätte. Von da an wollte er uns nicht mehr alleine lassen, nicht einmal während der Arbeit. Deshalb gab er seinen Job als Reisfahrer auf. Wir kümmerten uns nun alle gemeinsam um unser Stück Land und pflanzten Obst und Gemüse für den eigenen Bedarf an. Mit Zwiebeln konnte man nicht mehr handeln, da es unmöglich geworden war, sie nach Colombo zu transportieren. Wenn unsere Bananen reif waren, fuhr mein Vater mit mir zum Markt, um sie dort zu verkaufen. Der Markt war ganz in der Nähe unseres Hauses, etwa auf halbem Weg zum Krankenhaus. So verdienten wir das Geld für unsere Familie. Die Fahrt war immer noch sehr gefährlich; viele wurden auf dem Weg dorthin von Hubschraubern aus erschossen.

Auf unserer Fahrt zum Markt saß ich meistens vorne auf dem Fahrrad, auf dem Gepäckträger hatten wir die Kisten mit den Bananen befestigt. Busse fuhren nur noch selten und Fahrpläne gab es nicht. Manchmal musste man ein oder zwei Stunden warten. Eine Busfahrt zum Markt hätte sich auch nicht gelohnt, da die Fahrt sehr teuer war. Die Fahrtkosten hätten den ganzen Verdienst verschlungen, der ohnehin nicht ausreichte, um die Familie zu ernähren.

Vater überlegte daher ernsthaft, ob er ins Ausland gehen sollte. Meine Mutter verkaufte ihre Hochzeitskette und auch Bekannte liehen meinen Eltern Geld. So machte Vater sich eines Tages auf den Weg nach Colombo; er umarmte uns alle und ermahnte mich, dass ich auf meine kleinen Geschwister aufpassen solle. Alle hofften, dass er heil nach Colombo und von dort nach Europa gelangen würde. Aber wieder lief nichts so wie geplant. Vater reiste zunächst mit einem Touristenvisum nach Singapur. Dort wollte er nach einem Schlepper suchen, der ihn nach Deutschland bringen sollte. Leider scheiterte dieses Vorhaben. Auf seinem Weg landete er irgendwann in Malaysia und saß dort fest. Er war bei Verwandten untergekommen, aber ihm fehlte das Geld, um weiter nach Europa gelangen zu können. Wenige Monate später kam er nach Hause zurück. Wir waren alle glücklich, dass er wieder bei uns war, aber meine Eltern hatten viel Geld verloren, ohne ihr Ziel erreicht zu haben. Der Traum von Europa war geplatzt.

Vater brachte Kleider von unseren Verwandten aus Malaysia mit, die ihnen nicht mehr passten. In unseren Augen war alles wie neu. Ich trug diese Kleider voller Stolz, wenn ich irgendwo zu Besuch war. Zu meinen kurzen Hosen hatte ich nie ein Hemd getragen, da wir uns T-Shirts nicht leisten konnten. Dabei ging es meiner Familie noch verhältnismäßig gut. Die ganz armen Kinder liefen zum Teil ganz nackt herum, zumindest die kleineren. Nun hatten wir auf einmal gleich mehrere T-Shirts und neue Hosen. Die hatten zwar überall Löcher, aber meine Mutter konnte sie stopfen.

Sogar einen Apfel hatte Vater mitgebracht. Er war ganz rot und roch herrlich. Wir teilten ihn für die ganze Familie in kleine Stücke. Es war etwas ganz Besonderes, denn wir bekamen höchstens einmal im Jahr einen Apfel. Da auf Sri Lanka keine Äpfel wachsen, müssen sie importiert werden, meist aus Neuseeland. Das macht sie natürlich teuer und so wurde ein Apfel bei uns zu einer besonderen Kostbarkeit. Minutenlang kaute ich das Stückchen und genoss den Geschmack bei jedem Bissen.

Mein Vater suchte inzwischen nach einem neuen Weg, Geld zu verdienen, da der Bananenverkauf nicht mehr gut lief. Er kaufte einen Liter Brennstoff, der in Kriegszeiten sehr teuer war, und verkaufte ihn in kleinen Mengen weiter. Vor unserem Haus errichteten wir eine kleine Hütte. Vater besorgte vom Markt neben Brennstoff auch noch Gemüse und ich saß in der Hütte und verkaufte die Sachen. Mit diesem kleinen Geschäft konnte Vater uns ernähren und gleichzeitig in unserer Nähe sein.

Eines Nachts weckten mich meine Eltern. Sie sagten, dass ich sofort aufstehen müsse, Soldaten kämen ins Dorf. Ich bekam große Angst. Von draußen hörte ich Geräusche, aufgeregte Stimmen und laute Schritte. Dann, weit entfernt, das Geräusch eines Hubschraubers. Das ganze Dorf war in Aufruhr. Wir hatten nicht viel Zeit, unser Dorf zu verlassen und konnten nur das Notwendigste mitnehmen. Wir flüchteten zusammen mit unseren Nachbarn zu deren Verwandten. Meine Großeltern wollten unser Haus nicht verlassen, sie hatten es selbst aufgebaut und hingen sehr daran. Nur wenige Familien hatten wie wir ein Haus aus Zement. Die meisten hatten nur eine Hütte, die sie selber mit Hilfe der Nachbarn aus Lehm und Holz erbaut hatten. Das Dach wurde mit Palmenblättern gedeckt. Wir mussten noch mehrere Male aus Puthur flüchten und kehrten immer wieder zurück, sobald dort Ruhe eingekehrt war. Nach jeder Flucht musste Vater sein kleines Geschäft von Neuem aufzubauen.

Fast jede Familie hatte einen selbst gebauten Bunker im Hof ihres Hauses, um sich in Sicherheit zu bringen, wenn die Soldaten Raketen abschossen. Eigentlich war es nicht viel mehr als ein Erdloch, das mit Holzbrettern abgedeckt war. Unser Bunker hatte zwei Eingänge, für den Fall, dass einer durch einen Bombenanschlag zugeschüttet würde. Über dem Bunker hatten wir zur Tarnung altes Holz und Sandsäcke aufgeschichtet. Die Soldaten hatten den Bau von Bunkern verboten. Viele Männer, die einen Bunker angelegt hatten, wurden von den Soldaten festgenommen. Im Inneren des Bunkers waren Kerzen und Streichhölzer für die Nächte. Es kam auch vor, dass Menschen in ihren Bunkern von giftigen Schlangen tot gebissen wurden. Doch an diese Gefahr dachten wir nicht, wenn Raketen auf unser Dorf niedergingen. Vor den Raketen konnten uns die Bunkern gut schützen, gegen Bombenangriffe waren sie jedoch ziemlich wirkungslos. Daher versteckten wir uns meist unter Bäumen, wenn feindliche Hubschrauber über unser Dorf flogen. Manche Familien verteilten sich unter verschiedene Bäume, damit nicht alle gleichzeitig ums Leben kommen würden. Andere Familien taten genau das Gegenteil und flüchteten gemeinsam unter einen Baum: Sie wollten entweder alle überleben oder gemeinsam sterben.

Besonders gut kann ich mich an den Tag erinnern, an dem der »Krokodilhubschrauber« über unserem Dorf kreiste. Wir nannten ihn so, weil er ein Maul wie ein Krokodil hatte. Wir versteckten uns im Hof unter einem Bananenbaum. Bananenbäume haben sehr große, palmenartige Blätter, die vor den Hubschraubern einen guten Sichtschutz bieten. Es ging das Gerücht, dass sie durch ihren hohen Wassergehalt die Wucht der Explosion einer einschlagenden Rakete abfedern könnten, aber das ist Unsinn. Der Boden im Hof war völlig durchweicht und voller Würmer. Ich hatte mich immer schon vor Würmern geekelt, aber in diesem Augenblick ging es ums nackte Überleben und ich überwand meinen Abscheu, denn ich hatte Todesangst. Wir legten uns flach auf den Boden, rührten uns nicht und hielten uns die Ohren zu. Es waren unzählige Einschläge zu hören und es war so laut, dass ich den Eindruck hatte, als gingen die Geschosse direkt neben uns nieder. Dann hörten wir Schreie und beteten, dass wir am Leben blieben. Nach einer Stunde flog der Hubschrauber davon und die Menschen kamen wieder aus ihren Verstecken.

Die Schreie wurden immer lauter. Die Kinder einer benachbarten Familie, die sich in ihrem Haus versteckt hatte, waren von einer Rakete getroffen worden. Mein Freund wurde am Bein verletzt, seine Schwester war sofort tot. Die andere Tochter, bei der man nicht sicher war, ob sie noch lebte, brachte man mit den übrigen Verletzten ins Krankenhaus. Es waren ziemlich viele. Auf dem Lastwagen, mit dem die Verletzten transportiert werden sollten, befestigte man eine weiße Fahne, damit die Hubschrauberpiloten nicht auf ihn schossen. Die Trauer unserer Nachbarn über den Tod der Tochter war groß. Dieselbe Rakete hätte auch unser Haus treffen können; die Vorstellung war schrecklich. Niemand konnte sicher sein, ob der Hubschrauber nicht noch einmal zurück kam und ob noch weitere Menschen sterben würden. Es war ein schwarzer Tag für unser Dorf. Ich habe viele solche Tage erlebt. Viele meiner Freunde von früher sind tot. Kein Kind sollte so etwas erleben müssen.

Im Juni 1987 kamen Soldaten aus Indien nach Sri Lanka, um Frieden zu schaffen, wie es offiziell hieß. Wir freuten uns, dass wir unter ihrem Schutz Ruhe vor den singhalesischen Soldaten haben sollten. Aber leider hatten wir uns zu früh gefreut: Anstatt uns zu beschützen verbreiteten sie Angst und Schrecken. Niemand war vor ihnen sicher. Die anderen Kinder trauten sich nicht mehr, zur Schule zu gehen. Meine Schule war schon lange geschlossen. Aber das spielte kaum noch eine Rolle, denn zu dieser Zeit ging es ohnehin nur noch ums Überleben.

Die »Indian Peace Keeping Forces« (IPKF), wie sie genannt wurden, kamen mit Unterstützung der singhalesischen Regierung ins Land, um die Kämpfe zu beenden und Friedensverhandlungen zu überwachen. Die singhalesische Regierung lehnte jedoch jedes Modell eines eigenen Tamilenstaates kategorisch ab und die Tamil Tigers verwickelten die »Friedenstruppen« in einen Guerillakrieg, in dem es unmöglich war, zwischen Freund und Feind zu unterscheiden. 1500 indische Soldaten wurden getötet, ganz zu schweigen von Tausenden tamilischen Zivilisten. Nach fast drei Jahren schrecklichen Blutvergießens zogen die Inder sich, ohne ihre Aufgabe erfüllt zu haben, aus dem Konflikt zurück.

Die singhalesische Regierung ging nach wie vor mit aller Härte gegen die Tamilen vor. Man wusste nie, wann und wo die Regierungstruppen den nächsten Angriff starten würden. Sicher war nur, dass sie jeden Tag Menschen töteten. Einmal war ich mit meiner Mutter in einem kleinen Bus zu Verwandten unterwegs. Plötzlich kreiste ein Hubschrauber am Himmel über uns und wir wurden von Soldaten beschossen. Alle im Bus zitterten vor Angst und beteten darum, noch einmal mit dem Leben davonzukommen. Der Busfahrer hielt an und hisste eine große weiße Flagge, in der Hoffnung, dass die Soldaten uns in Ruhe lassen. Wir hatten Glück im Unglück: Der Hubschrauber flog weiter und wir konnten die Fahrt fortsetzen. So haben meine Mutter und ich diesen Tag überlebt.

Immer häufiger hörte man, dass viele junge Frauen von den Soldaten vergewaltigt wurden. Diese Frauen mussten nicht nur mit diesem schrecklichen Erlebnis fertig werden, sondern häufig auch noch mit dem Vorwurf, Schande über die Familie gebracht zu haben. Anstatt getröstet und beschützt zu werden, wurden viele von ihnen verstoßen. Viele der vergewaltigten Frauen nahmen sich das Leben.

Man sah kaum noch junge Männer in den Dörfern, die meisten hatten sich den Tamil Tigers angeschlossen. Diejenigen, die Glück und Geld hatten, flüchteten ins Ausland. Die anderen versteckten sich in ihren Häusern. Wenn die Regierungssoldaten ein Dorf durchsuchten, nahmen sie alle jungen Männer mit in ihr Lager und steckten sie in eine riesige Zelle. Wer Glück hatte und beweisen konnte, dass er nichts mit den Tamil Tigers zu tun hatte, durfte wieder nach Hause zurück. Die anderen wurden Sklaven der Soldaten, mussten für sie arbeiten und wurden von ihnen geschlagen und gequält. Die Männer, die sie wieder freiließen, wurden verpflichtet, sich einmal in der Woche im Lager zu melden. Manchmal kamen sie von dort nicht mehr nach Hause zurück. Trotz ihrer großen Angst wagten sich immer wieder Väter in die Soldatenlager, um nach ihren vermissten Söhnen zu fragen. Eine Auskunft erhielten sie nie. Die Soldaten taten immer so, als ob sie von nichts wüssten. Väter, die sich damit nicht zufrieden gaben und in ihrer Verzweiflung von den Soldaten eine Antwort forderten, wurden oft ebenfalls festgehalten und misshandelt. Die meisten Männer, deren Familien Opfer der Soldaten geworden waren, schlossen sich den Tigers an, um sich künftig besser zur Wehr setzen zu können. Bewaffnet fühlten sich die Menschen vor den Soldaten sicherer. Manchmal hielten Tamil Tigers in den Schulen Vorträge über ihren Kampf gegen die Regierung und warben so neue Mitglieder. Ich schloss mich ihnen nicht an, denn ich hatte viel zu große Angst vor Waffen. Wenn ich nur einen Hubschrauber hörte, erwartete ich schon Schüsse. Mein Herz schlug dann immer so schnell, als ob es gleich explodieren müsste.

Als unser Dorf eines Nachts wieder einmal beschossen wurde, flüchteten wir zusammen mit unseren Nachbarn. Vater schob das Fahrrad. Meine kranke Schwester saß vorne und auf dem Gepäckträger lag ein großer Koffer. Großvater wollte wie immer nicht mit uns kommen, und Großmutter wollte ihn nicht alleine lassen. Ich weinte aber so lange, bis Großmutter schließlich einwilligte, uns zu begleiten. Nur Großvater rührte sich keinen Schritt aus seinem Zimmer. Er bestand darauf, dass er sein Haus niemals verlassen werde.

Wir machten uns auf den Weg ins nächste Dorf, wo ein guter Freund meines Vaters lebte, und kamen am folgenden Morgen dort an. Wir konnten mit unseren Nachbarn dort vorübergehend unterkommen, aber es war sehr beengt und stellte eine große Belastung für den Freund und seine Familie dar. Unsere Nachbarin war hochschwanger, das Kind konnte jederzeit kommen. Es gab kaum Trinkwasser, man musste dafür ein paar Kilometer zu Fuß gehen. Auch zum Baden mussten wir sehr weit laufen, da viele Seen in der Regenzeit verschmutzt waren. Die meisten sammelten Regenwasser in Eimern, um sich waschen zu können; einige Kinder wuschen sich auch direkt im Regenwasser.

Nach kurzer Zeit flogen die Soldaten auch Angriffe auf dieses Dorf und wir mussten uns ein neues Fluchtziel überlegen. Nur konnten wir überhaupt nicht einschätzen, wo wir sicher wären. Zurück nach Hause zu gehen war unmöglich. Das Risiko, unterwegs erschossen zu werden, war viel zu hoch. Meine Großmutter war die Einzige, die sich trotzdem dafür entschied, denn sie hatte große Angst um Großvater und wollte nun doch lieber wieder bei ihm sein. Wir versuchten, sie davon abzubringen, ich weinte und schrie, aber sie ließ sich nicht umstimmen.

Mein Vater hatte noch einen Cousin, bei dem wir wohnen konnten. Ich weiß nicht mehr, wie der Ort hieß, aber der Weg dorthin war weit und gefährlich. Für uns war es in dieser Situation die einzige Möglichkeit. Das Dorf, in dem der Cousin lebte, wurde von den Tamil Tigers geschützt, dort fielen keine Bomben und es gab auch keine Regierungssoldaten, die sich dorthin vorgewagt hätten. Also packten wir unsere Sachen und gingen zusammen mit unseren Nachbarn fort. Es war ein langer und beschwerlicher Marsch, besonders für unsere schwangere Nachbarin. Immer wieder mussten wir uns vor den Soldaten verstecken. Am späten Abend erreichten wir unser Ziel und waren froh, dass die Soldaten uns nicht entdeckt hatten. Einen Tag später brachte unsere Nachbarin in einem kleinen Krankenhaus ihr erstes Kind zur Welt.

Nach ein paar Wochen schien sich die Lage in Puthur wieder zu entspannen und wir kehrten nach Hause zurück. Aber nur kurze Zeit später – mein Vater war gerade dabei, sein kleines Geschäft wieder aufzubauen –, mussten wir schon wieder fliehen: Wir kamen diesmal bei Bekannten in einem Nachbarort unter. Meine Schwester war von dieser erneuten Flucht sehr erschöpft. Es ging ihr von Tag zu Tag schlechter. Wir hatten überhaupt keine Medikamente mehr, nicht einmal tamilische Medizin. Vater beschloss, nach Hause zurückzukehren, da wir bald auch kein Geld mehr hatten. Bei den Bekannten konnten wir uns nicht länger aufhalten und irgendwie musste Vater uns ja ernähren. Ein Freund unseres Vaters brachte uns mit seinem Lastwagen nach Hause. Auf dem Weg luden wir Feuerholz auf, das von einem Baum stammte, der von einer Rakete getroffen worden war. Als wir Puthur erreicht hatten, erfuhren wir, dass viele Menschen, die wir kannten, ermordet worden waren. Wir machten uns große Sorgen um meine Großeltern, aber als wir zu Hause ankamen, fanden wir sie zum Glück gesund und unversehrt vor.

Von der langen Fahrt und vom Tragen waren wir alle ziemlich müde und so ging ich an diesem Tag früh schlafen. Mutter, Vater, meine Schwester und ich hatten ein gemeinsames Zimmer; meine Großmutter schlief mit meinen anderen Geschwistern in einem zweiten Zimmer. Großvater hatte ein Schlafzimmer für sich allein. Meine Mutter und mein Vater versorgten wie immer gemeinsam meine Schwester und gingen erst zu Bett, nachdem sie eingeschlafen war.

Gegen Mitternacht weckte mich ein Schrei meiner Mutter. Mein Vater kam zu mir und sagte, dass meine Schwester uns verlassen habe. Ich verstand erst gar nicht, was er da sagte. Ich war so müde, dass ich nicht mal aufstehen konnte. Ich wünschte, dass alles nur ein Traum wäre, aber meine Schwester war tot. Die Nachbarn kamen und alle Frauen weinten um meine Schwester. Mir ging das alles zu schnell. Ich begriff noch gar nicht, was passiert war, trotzdem lief ich zu den übrigen Nachbarn und sagte ihnen Bescheid.

Mutter hatte sich jahrelang um meine Schwester gekümmert, und am Ende war sie doch gestorben. Ich kann mich gut daran erinnern, wie ich zu meiner Schwester ging, ihre Hand nahm und ihren Puls fühlte. Ich wusste gar nicht, was ich da tat, ich hatte nur mal im Fernsehen gesehen, dass die Leute das so machten. Ich konnte nichts spüren. Ihre Augen waren offen, als sie starb. Unsere Nachbarin schloss sie mit ihren Händen.

Die Bekannten und Nachbarn kümmerten sich in den folgenden Tagen um die Vorbereitungen der Trauerzeremonie. Meine Eltern waren mit der Situation völlig überfordert, sie weinten die ganze Zeit. Die Nachbarn versorgten uns auch mit Essen, da zu Hause niemand in der Lage war, sich darum zu kümmern. Mit dem Holz, das wir auf dem Weg nach Hause gesammelt hatten, sollte der Körper meiner Schwester verbrannt werden. Unserer Tradition nach hätte Vater das Feuer entzünden müssen, aber er hatte nicht die Kraft dazu, seine Trauer war zu groß. Der Leichnam musste in einem Sack zum Friedhof transportiert werden. Großvater übernahm auch diese Aufgabe für meinen Vater. Er ging mit einigen anderen Männern zum Friedhof, entzündete an der Grabstätte das Feuer und blieb dort, bis es erloschen war.

Meine Mutter konnte den Tod meiner Schwester lange nicht verschmerzen. Wenn sie aufräumte und dabei auf Kleidungsstücke ihrer Tochter stieß, fing sie an zu weinen und konnte gar nicht mehr aufhören. Als meine Schwester noch lebte, hatte ich mich nicht besonders um sie gekümmert, aber jetzt, wo sie nicht mehr da war, spürte ich die Leere, die plötzlich in unserem Haus entstanden war. Man hätte sie retten können, wenn sie nach Colombo gebracht worden wäre. Dort hätte sie richtig versorgt werden können. Ich hasste diesen Krieg, durch den meine Schwester zu einem seiner Opfer geworden war. Kleine Kinder sterben an eigentlich harmlosen Krankheiten, nur weil es keine Ärzte gibt. Die medizinische Versorgung war zwar schon vor dem Krieg schlecht, nun aber war sie praktisch gar nicht mehr vorhanden. Es ist schrecklich, wenn so viele Leute an leicht behandelbaren Krankheiten sterben müssen. Ohne den Krieg hätten viele dieser Menschen gerettet werden können.

Für alle hatte der Krieg schlimme Folgen, nicht nur für unsere Familie. Neben den Bombardierungen mussten die Menschen im Norden auch noch mit der Regenzeit fertig werden, die oft Krankheiten und Hungersnöte mit sich brachte. Menschen, die ihre Häuser im Krieg verloren hatten, lebten jetzt in kleinen Hütten, die nun vom Regen weggeschwemmt wurden. Die Regierung weigerte sich in vielen Fällen, Hilfe zu leisten. Versprochene Reislieferungen wurden gar nicht erst verteilt oder später wieder reduziert. Viele Menschen starben an Malaria, und sogar eine Erkältung konnte unter diesen Bedingungen zum Tode führen. Selbst die Krankentransporte wurden in einigen Gebieten an der Weiterfahrt gehindert, sodass sogar Menschen auf dem Weg ins nicht weit entfernt gelegene Krankenhaus sterben mussten. Eine schwangere Frau, die von einem giftigen Insekt gestochen worden war, wurde unterwegs von Soldaten an einem Checkpoint aufgehalten. Ihre Verwandten flehten die Soldaten an, da ihr Zustand sehr kritisch war, aber die Soldaten hielten die Frau über eine Stunde auf und als sie schließlich im Krankenhaus ankam, starb sie.

Die Folgen des Krieges sind verheerend. Viele Menschen sind ständig mit all ihren Sachen und Haustieren auf der Flucht vor den Soldaten. Eine Flüchtlingsfamilie kam zu uns und bat meine Eltern um eine Unterkunft. Sie hatte viele Kinder und auch Ziegen dabei. Monatelang blieben sie bei uns, bis in ihrem Dorf wieder Ruhe einkehrte. Aber die Flüchtlingsströme rissen nicht ab. In den heißen Monaten kamen immer mehr Menschen zu unserem Haus und baten um Wasser. Mein Großvater saß jeden Tag mit einem großen Topf am Straßenrand und verteilte Wasser an die Menschen, die halb verdurstet vorbeikamen. Meine Großmutter und ich schöpften ständig Wasser aus dem Brunnen nach. Etwas zu essen konnten wir ihnen leider nicht geben. Vater baute seine Hütte wieder auf und verkaufte seine Waren am Straßenrand. Damit schaffte er es, wieder etwas Geld für die Familie zu verdienen. Die Bananen auf unserem Feld, die unsere einzige Einnahmequelle darstellten, wurden leider oft gestohlen. Viele stahlen nur, damit sie nicht verhungern mussten. Meine Mutter und ich hielten sogar ein paar Nächte lang mit einer Taschenlampe neben den Bananenbäumen Wache. Während des Krieges häuften sich die Diebstähle, weil die Not und Verzweiflung der Menschen so groß war.

Viele Menschen, denen wir früher oft auf der Straße begegneten, waren plötzlich nicht mehr da. Erst nach ein paar Monaten hörten wir, dass sie verhaftet oder erschossen worden waren. Die meisten Verschwundenen oder Getöteten waren Studenten. Aber auch Familienväter wurden getötet oder unter dem Verdacht, für die Tamil Tigers zu arbeiten, verhaftet. Ihren Kindern und Ehefrauen blieb oft nichts anderes übrig, als zu betteln oder zu stehlen, um zu überleben.

Bei einem Besuch in einem Tempel des Elefantengottes Ganesha erzählte mir eine Frau, wie sie an einem Tag ihren Sohn und ihren Mann verloren hatte. Beide waren draußen am Tempel vor ihren Augen erschossen worden. Es gab viele Männer, die an diesem Tag erschossen wurden, während die Frauen alle im Tempel eingesperrt waren. Die Frau erzählte, dass sie die ganze Zeit zu Gott gebetet habe, damit die Soldaten ihre beiden Männer am Leben ließen. Durch einen kleinen Spalt musste sie dann aber mitansehen, wie zuerst ihr Sohn und danach ihr Mann tot zu Boden fielen. Sie tat mir schrecklich Leid. Während sie erzählte, weinte sie die ganze Zeit. Sie hatte alles verloren. Witwen tragen bei uns traditionell weiße Kleidung, aber sie trug weiterhin ihren alten zerrissenen Sari. Einen weißen konnte sie sich nicht leisten, denn das Geld, das sie mit Betteln zusammenbrachte, brauchte sie zum Überleben. So wie ihr ergeht es vielen Frauen auf Sri Lanka.

Flucht

Als ich zwölf Jahre alt geworden war, wurde die Sorge meiner Mutter um mein Leben noch größer. Sie hatte nicht nur Angst, dass ich bei einem Angriff verletzt oder getötet werden könnte, sie fürchtete auch, dass ich von den Tamil Tigers rekrutiert werden könnte. Es kommt häufig vor, dass Kinder ihren Eltern weggenommen werden; sie werden dazu verführt, sich den Tigers anzuschließen, man bringt ihnen bei, mit einer Waffe umzugehen und schickt sie in den Krieg. Obwohl diese Praxis auch von den Tamilen verurteilt wird, hat die LTTE bis heute nicht davon abgelassen. Als tamilischer Junge war mein Leben von zwei Seiten bedroht. Meine Mutter war daher fest entschlossen, mich irgendwie ins Ausland zu bringen, wo ich sicher aufwachsen und außerdem eine bessere Schulbildung erhalten würde. Sie war anfangs noch unsicher, welches Land sich am besten als Fluchtziel eignete; mich beispielsweise mit einem der Flüchtlingsboote nach Indien zu schicken, kam für sie nicht in Frage. Dabei waren schon viele Menschen von der Marine erschossen worden. Es ist verboten, Sri Lanka auf dem Seewege zu verlassen und ohnehin fast unmöglich, ein Boot zu organisieren. Wir hatten auch keine Verwandten in Indien, bei denen ich hätte unterkommen können. Am Ende hielt sie es für das Beste, den Versuch zu unternehmen, mich nach Deutschland zu schicken. Zunächst wollte sie nach Colombo fahren und von dort aus ihren Bruder in Hamburg um Geld bitten. Allein hätten meine Eltern die Schlepper überhaupt nicht bezahlen können. Ich war noch nie zuvor in Colombo gewesen und wollte unbedingt mitkommen. Obwohl meine Mutter nicht wusste, ob sie meine Flucht ins Ausland überhaupt würde organisieren können, nahm sie mich mit.

Für die Ausreise aus Jaffna brauchte man in der Regel eine Erlaubnis von den Tamil Tigers. Wir hatten jedoch Glück, dass die Kontrollen für kurze Zeit aufgehoben worden waren und wir Jaffna ohne Genehmigung verlassen konnten. Viele Menschen nutzten diese Gelegenheit, um ebenfalls nach Colombo zu gelangen. Wir bezahlten einen Lastwagenfahrer, der uns zum Checkpoint an der Grenze des von der singhalesischen Regierung kontrollierten Gebietes bringen sollte. Von Puthur nach Colombo sind es etwa 300 km. Wenn man das von den Tamil Tigers kontrollierte Gebiet verlässt, muss man singhalesische Grenzkontrollen oder Checkpoints passieren, um zum Bahnhof zu gelangen. Es ist sehr kompliziert. Man kann sich auch nicht an den Kontrollen vorbeimogeln: Fast die ganze Insel ist vermint. Es sind so viele Minen, dass keiner mehr genau weiß, wo sie alle vergraben sind. Hin und wieder tritt eine Kuh beim Grasen auf so eine Landmine und sprengt sich selbst in die Luft.

Am späten Abend fuhren wir in Puthur los. Ich habe mich weder von meinen Freunden noch von meinen Großeltern und Geschwistern verabschiedet; ich ging ja davon aus, dass ich mit meiner Mutter wieder nach Hause zurückkehren würde. Mein Vater ermahnte mich ein letztes Mal, meiner Mutter keine Schwierigkeiten zu machen.

Die Straßen waren nicht mehr richtig befahrbar. Von Raketeneinschlägen waren sie voller Schlaglöcher. Der Lastwagen schaukelte heftig, was ich als sehr unangenehm empfand. Während der ganzen Reise hatten wir Angst, dass ein Hubschrauber auftauchen und Soldaten uns entdecken könnten. Wir fuhren deshalb erst los, als es schon dunkel war, und noch dazu ohne Licht. Irgendwann in der Nacht überquerten wir einen fast ausgetrockneten See. Der Boden dort war an einigen Stellen noch matschig. Mehrmals blieb der Lastwagen im Schlamm stecken. Der Fahrer musste schließlich einen Mann zu Hilfe holen und bezahlen, der den Wagen mit seinem Traktor herauszog. Am folgenden Tag kamen wir zu einem Kontrollpunkt, an dem bereits viele Tamilen aus Jaffna warteten. Wir mussten uns in einer kilometerlangen Schlange anstellen, um die Kontrolle passieren zu können. Meine Mutter hatte große Angst, dass die Soldaten mich vielleicht festnehmen würden. Das war schon häufig vorgekommen; es waren auch schon Kinder ermordet worden. Bevor wir an den Checkpoint kamen, überprüften wir noch mal gründlich, ob wir irgendetwas dabei hatten, das uns als Anhänger der Tamil Tigers hätte verdächtig machen können. Mutter schärfte mir ein, dass ich den Soldaten gegenüber die Tigers mit keinem Wort erwähnen sollte. Wenn ich darüber befragt würde, sollte ich sagen, ich hätte noch nie etwas von diesen Leuten gehört. Je kürzer die Schlange wurde, desto nervöser und ängstlicher wurde meine Mutter. Aber ich hatte wahrscheinlich noch mehr Angst als sie, denn ich war noch nie zuvor Soldaten so nahe gewesen.

Langsam näherten wir uns dem Checkpoint. Als wir direkt vor den Soldaten standen, kontrollierten sie zunächst unser ganzes Gepäck und tasteten dann unsere Körper nach Waffen ab. Bei jungen Frauen nahmen sie sich besonders viel Zeit zum Abtasten. Sie taten das auf so widerliche Art, dass man den Frauen ansehen konnte, wie sehr sie sich ekelten. Aber sie konnten sich nicht dagegen wehren, ohne dabei ihr Leben zu riskieren.

Nachdem wir diese Kontrolle unbeschadet überstanden hatten, brachten uns die Soldaten zu einer Schule, in der alle Tamilen untergebracht wurden. Dort mussten wir auf unsere Einreiseerlaubnis nach Colombo warten. Nach drei Tagen bekamen wir endlich die Genehmigung von der singhalesischen Regierung. Die Soldaten brachten uns auf einem Lastwagen zum Bahnhof. Von dort aus fuhren wir mit dem Zug in die Hauptstadt.

Als wir in Colombo angekommen waren, rief Mutter einen alten Bekannten an, der uns abholte und mit zu sich nach Hause nahm. Es war sehr ungewohnt für mich, dass sich in Colombo alle völlig frei und ohne Angst vor Bombardierungen bewegen konnten. Das lag daran, dass dort vorwiegend Singhalesen lebten. Ich durfte allerdings nie allein auf die Straße, da tamilische Jugendliche in Colombo häufig festgenommen und misshandelt wurden.

Meine Mutter rief ihren Bruder in Deutschland an und bat ihn um Hilfe. Ich war zwar schon im Halbschlaf, als sie telefonierte, bekam aber genau mit, wie Mutter ihn anflehte, uns zu helfen. Nach einem langen Gespräch war er schließlich einverstanden, mich in Deutschland aufzunehmen. Er war auch bereit, mich finanziell zu unterstützen. Meine Mutter war so glücklich, dass sie mich aus dem Krieg retten konnte. Vorher musste sie aber noch sehr viel Papierkram erledigen, bis ich endlich ausreisen konnte. Ich brauchte einen Pass und ein Visum. Es gab keine Möglichkeit, ein Visum für Deutschland für mich zu bekommen. Wichtig war erst mal, dass ich überhaupt aus dem Land herauskam. Also besorgte meine Mutter ein Touristenvisum für Singapur. Sie organisierte einen Schlepper und gab ihm unser ganzes Geld, damit er mich von Singapur aus nach Europa bringen sollte.

In Sri Lanka gibt es viele Schlepper. Das sind meistens

sehr intelligente, gebildete Menschen, die aus dem Elend und der Angst der Menschen Kapital schlagen. Um einen ersten Kontakt herzustellen, hört man sich im Bekanntenkreis um. Fast jeder kennt jemanden, der jemanden kennt, der schon mal mit einem Schlepper zu tun hatte. Hinter vorgehaltener Hand wird sehr viel darüber geredet. Meine Mutter war immer sehr bemüht, uns Kinder in Sicherheit zu bringen. Sie war damals sehr redegewandt, sehr lebenslustig und hatte viele Freunde und Bekannte. So hatte sie auch den Schlepper für meine kranke Schwester gefunden. Den Schlepper, der mich nach Europa bringen sollte, hat sie dann in Colombo getroffen, vermutlich über die gleichen Kontakte. Ganz genau weiß ich das nicht; darüber haben wir nicht offen gesprochen. Ich habe meinen Schlepper auch nie persönlich getroffen, solange ich noch auf Sri Lanka war. Das erste Mal bin ich ihm in Lagos, in Nigeria, begegnet, als ich bereits einige Monate auf der Flucht war. Er und meine Mutter hatten sich einige Male heimlich getroffen und die nötigen Papiere für meine Ausreise vorbereitet. Dazu musste meine Mutter meine Geburtsurkunde und eine Schulbescheinigung besorgen, damit sie einen Reisepass für mich beantragen konnte.

Meine Mutter brachte mich, nachdem sie mit dem Schlepper die Bezahlung ausgehandelt hatte, zu Verwandten nach Kandy. Dort blieb ich, während meine Mutter die Papiere besorgte. Sie kannte Leute in der Behörde, die ihr halfen, einen Pass für mich zu bekommen.

Nachdem meine Mutter alles geregelt hatte, holte sie mich wieder nach Colombo. Wir wohnten in einer Pension, die auf dem Flur ein Telefon für alle Bewohner hatte. Dort warteten wir auf den Anruf des Schleppers. Ich hatte großes Glück, dass mein Schlepper ein vertrauenswürdiger Mensch war, der seinen Job ernst nahm und mich – wenn es auch lange dauerte – wirklich nach Deutschland brachte. Es gibt unter den Schleppern viele Betrüger, die nur das Geld der verzweifelten Eltern einstreichen und sich dann aus dem Staub machen, ohne sich um das Schicksal der ihnen anvertrauten Flüchtlinge zu kümmern. Aber so etwas spricht sich natürlich herum, und da meine Mutter so viele Leute kannte, wusste sie, wem sie ihren Sohn anvertrauen konnte und wem nicht. Ich habe aber auch von Fällen gehört, in denen die Schlepper tamilische Kinder statt nach Deutschland nach Russland gebracht und dann im Stich gelassen haben.

Ich war sehr gespannt, wann und wie meine Reise nach Europa verlaufen würde. Eines Morgens weckte meine Mutter mich gegen vier Uhr früh. Ich sollte an diesem Vormittag um zehn Uhr meinen Flug antreten. Mutter ermahnte mich, meinem Onkel in Deutschland nicht zur Last zu fallen und besonders in der Schule sehr fleißig zu sein. Sie wiederholte immer wieder, dass ich gut auf mich aufpassen solle. Dabei weinte sie, umarmte und küsste mich. Sie sagte, dass es ihr sehr Leid täte, mich in diesem Alter wegzuschicken, aber es sei besser für mich und meine Zukunft. Einerseits war ich erleichtert, dass ich dem schrecklichen Krieg entkommen konnte, aber andererseits war ich traurig, dass ich meine Familie zurücklassen musste. Wie muss sich eine Mutter fühlen, die gezwungen ist, ihr Kind wegzuschicken, ohne Gewissheit, wann oder ob sie es überhaupt je wieder sieht? Zum Flughafen durfte sie mich nicht begleiten; sie war so aufgelöst und hat so sehr geweint, dass sie die Grenzbeamten hätte misstrauisch machen können. Offiziell flog ich nur für ein paar Tage nach Singapur, um dort Verwandte zu besuchen. Der Abschied fiel uns beiden sehr schwer. Meine Mutter bat die anderen Tamilen, die auch von meinem Schlepper nach Europa gebracht werden sollten, auf mich aufzupassen.

So machte ich mich alleine auf die Reise. Ich sah zum ersten Mal ein Flugzeug; alles daran war ungewohnt modern und neu. Es handelte sich um einen ganz normalen Linienflug; außer mir und den anderen Flüchtlingen waren auch viele Touristen aus der ganzen Welt mit im Flugzeug. Es waren Menschen mit schwarzer und weißer Hautfarbe, mit schwarzen und blonden Haaren. Eine Frau war sogar rothaarig; das hat mich besonders beeindruckt. Alles war hier so neu und bunt. Meine Neugier lenkte mich von meiner Angst vorm Fliegen ab. Vor dem Start nahm ich die Bonbons, die mir Mutter eingepackt hatte, aus der Tasche. Ich lutschte sie, wie sie mir geraten hatte. Dann war es endlich soweit, das Flugzeug startete. Ich schloss meine Augen und betete zu Shiva, dass auf dem Flug nichts passieren und ich gut in Europa ankommen würde.

Meine erste Station sollte Singapur sein. Mehr wusste ich nicht. Während die meisten Menschen im Flugzeug sehr entspannt und locker aussahen, Zeitung lasen oder sogar schliefen, zitterte ich. Die Angst, dass ich im Flugzeug geschnappt und zurückgeschickt werden könnte, war groß. Vor meiner Abreise aus Colombo war Mutter mit mir zum Tempel gegangen und wir hatten gemeinsam gebetet, dass meine Reise nach Europa gut verlaufen würde. Ein Tamile, der ins Ausland flüchtet und dort abgeschoben wird, landet nämlich auf Sri Lanka noch am Flughafen im Gefängnis. Dabei flüchten die Menschen doch nur von dort, weil sie ihr Leben retten wollen. Aber wer illegal das Land verlässt, wird bestraft. So sind die

Gesetze. Tamilen, die im Land bleiben wollen oder müssen, leben stets mit dem Risiko ermordet zu werden. Immer wieder findet man Massengräber, in denen Leichen tamilischer Jugendliche vergraben wurden, die man oftmals nicht mehr identifizieren kann. Viele Eltern erfahren oft jahrelang nicht, was mit ihren Kindern geschehen ist.

Im Flugzeug bekam ich etwas zu essen. Leider sprachen die Flugbegleiter nur Englisch und ich verstand fast nichts. Ich sagte immer nur »yes«, in der Hoffnung, dass es richtig war. Mit »Ja« kommt man meist weiter als mit »Nein«. Ich bekam zum ersten Mal Messer und Gabel. Mutter hatte mir schon davon erzählt, aber nie gezeigt, wie man sie benutzt. Die Menschen im Flugzeug konnten alle mit Messer und Gabel essen; heimlich schaute ich zu, wie sie damit umgingen. Zu Hause habe ich immer nur mit den Händen gegessen. Wofür hat man denn seine Hände? Zum Trinken gab es Limonade, kein Brunnenwasser, wie ich es sonst gewohnt war.

Ich dachte an Mutter. Ich sah noch ihr tränenüberströmtes Gesicht vor mir, als sie sich von mir verabschiedete. Von meinen jüngeren Geschwistern, von meinem Vater, meinem Großvater und von meiner geliebten Großmutter, die mich immer beschützt und umsorgt hatte, konnte ich mich vor dem Flug überhaupt nicht mehr verabschieden. Ich wünschte mir so sehr, ich hätte sie alle umarmen und »Auf Wiedersehen« sagen können, aber dafür war es nun zu spät. Ich betete, dass die Götter sie alle im Krieg beschützen mögen.

Bevor wir in Singapur landeten, gab man mir einen Fragebogen, mit dem ich nichts anfangen konnte. Ich schaute den Bogen von oben bis unten an und drehte ihn hin und her. Ich hatte Angst, dass mich jemand fragen würde, wohin ich wollte, denn das Ziel meiner Reise durfte ich niemandem verraten. Zum Glück saß jemand neben mir, der mir half, den Fragebogen auszufüllen. Ich gab ihm meinen Reisepass und er erledigte alles Weitere. Wenn er mich etwas fragte, sagte ich immer nur »yes«.

Nachdem wir in Singapur gelandet waren, kam ich in eine Unterkunft, in der auch andere Tamilen untergebracht waren, die alle auf dem Weg nach Europa oder Amerika waren, und die ich während meines Aufenthalts in Singapur näher kennen lernte. Sie waren alle sehr freundlich zu mir, da ich der Jüngste war. Insgesamt waren wir ungefähr zwanzig Leute, darunter zwei alleinstehende Frauen, ein frisch verheiratetes Ehepaar und viele junge Männer Anfang zwanzig. Mit vier von ihnen teilte ich mir ein Zimmer. Wir durften das Haus leider nicht verlassen, so sah ich nicht viel von der Stadt. Aber einmal haben wir uns doch heimlich rausgeschlichen.

Der Mitarbeiter des Schleppers, der uns immer unser Essen brachte, war fortgegangen, und wir – die Jungs aus meinem Zimmer und ich – nutzten die Gelegenheit, uns in der Stadt ein wenig umzusehen. Wir wussten nicht, wo wir hin sollten, also liefen wir zunächst einfach nur die Straße entlang. Hauptsächlich stießen wir auf Schmuckläden, in denen sehr viel Gold angeboten wurde, und auf weiße Touristen aus dem Westen. Mir fiel auf, wie unglaublich sauber die Stadt war; nirgends lag Müll oder Dreck herum, alles wirkte wie frisch poliert. Nach einer Weile stießen wir tatsächlich auf einen hinduistischen Tempel von Shiva. Damit hatte ich in Singapur nicht gerechnet, und ich freute mich sehr. Wir gingen alle hinein, um zu beten. Ich betete, dass Shiva mich beschützen und heil nach Deutschland bringen möge; die vier anderen hatten vermutlich ähnliche Wünsche. Es wurde langsam spät und so machten wir uns auf den

Rückweg; denn wir wollten keinen Ärger mit dem Schlepper bekommen.

Den Rest der Zeit saßen wir meist nur herum und sahen aus dem Fenster. Gegenüber waren Wohnhäuser, und wir konnten die Menschen auf ihren Balkonen oder zum Teil in ihren Zimmern sitzen sehen. Dort habe ich auch zum ersten Mal jemanden mit Essstäbchen eine Mahlzeit verzehren sehen und mich sehr darüber gewundert, wie die Leute das anstellen. Ich habe mit den anderen viel darüber gerätselt. Die Menschen, mit denen ich in Singapur zusammen war, habe ich alle später in Afrika wiedergetroffen. Einige waren schon vor mir dorthin gereist, andere kamen später nach. Ob sie es aber auch alle bis nach Europa geschafft haben, weiß ich nicht.

Niemand wusste, wann wir weiterfliegen konnten. Es war zwar alles organisiert, aber wir wurden immer nur kurzfristig über den unmittelbar nächsten Schritt informiert. Nach drei Tagen bekamen wir schließlich die Mitteilung, dass wir am nächsten Morgen abgeholt würden. Wohin es gehen sollte, sagte uns niemand. Wir hofften natürlich, dass wir direkt nach Europa fliegen würden. Ich packte meine Sachen und verabschiedete mich von denen, die mit mir die Unterkunft geteilt hatten.

Wieder saß ich voller Angst, dass ich verhaftet werden könnte, im Flugzeug. Der Flug selbst war jetzt nicht mehr so spannend für mich, nachdem ich schon einmal geflogen war. Aber er dauerte lange und ein Mann sagte, dass wir nach Bombay fliegen, ein zweiter dagegen, dass es einen anderen Plan gäbe. Ich wusste, dass Bombay in Indien liegt, aber ich hatte keine Vorstellung davon, wie es dort sein könnte.

Nach endlosen Stunden landeten wir schließlich. Ich hatte keine Ahnung, wo wir waren. Der Flughafen war sehr klein und die Menschen dort trugen Tücher um ihre Köpfe. Ich vermutete, es müsste irgendwo in Arabien sein. Vier Stunden verbrachten wir auf diesem Flughafen. Ich vertrieb mir die Zeit, indem ich die Menschen beobachtete. Eine Frau fragte nach unseren Reisepässen. Als sie die Pässe mitnahm und am Computer überprüfte, machten wir uns alle Sorgen. Meine größte Angst war, dass sie mich zurückschicken würde. Ich betete, dass sie uns weiter fliegen ließ und wurde erhört. Wir durften alle in ein altes Flugzeug steigen und weiterfliegen. Es wackelte sehr und ich hatte die ganze Zeit über Angst, dass es abstürzen könnte.

Afrika

Nach stundenlangem Flug landeten wir endlich und wieder hatte ich keine Ahnung, wo wir waren. Nie zuvor hatte ich so viele Menschen mit schwarzer Haut und mit kurzen krausen Haaren gesehen. Für mich waren diese Menschen genauso ungewohnt wie die Menschen mit weißer Haut und blonden Haaren. Im Bus rätselten wir, wo wir sein könnten. Jemand vermutete, dass wir in Afrika seien, aber die Frage, an welchem Ort wir genau gelandet waren, konnte uns niemand beantworten. Erst viel später erfuhr ich, dass wir in Togo waren.

Togo, ein kleiner Staat in Westafrika, liegt zwischen Benin und Ghana. Im Norden grenzt es an Burkina Faso. Seit 1967 ist Togo eine Republik, de facto wurde es jedoch 38 Jahre lang vom Präsidenten Gnassingbé Eyadéma alleine regiert. Jeder, der etwas gegen dieses diktatorische Regime zu sagen wagte, lief Gefahr, verhaftet oder ermordet zu werden. Nach dem Tod des Präsidenten im Jahre 2005 ernannte das Militär seinen Sohn Faure Gnassingbé zum Interimspräsidenten für die verbleibende Amtszeit seines Vaters (bis 2008). Diese Ernennung, die einem Militärputsch gleichkam, wurde von der UN nicht anerkannt. Am 24. April 2005 wurden deshalb Neuwahlen angesetzt, bei denen sich Faure Gnassingbé trotz erwiesenem Wahlbetrug zum Sieger erklären ließ. Die darauf folgenden Unruhen im ganzen Land kosteten Hunderte Togolesen das Leben. Gnassingbé regiert das Land bis heute mit nur mäßigen Protesten aus dem europäischen Ausland, das sich die guten Handelsbeziehungen nicht verderben will. Besonders Deutschland und Frankreich, an die Togo vor allem Phosphor liefert, das für die Herstellung von Waffen gebraucht wird, schieben immer wieder togolesische Flüchtlinge ab, obwohl sie als Mitglieder oder Sympathisanten der Opposition in ihrem Heimatland in ständiger Lebensgefahr schweben.

Ganz so dramatisch war die Situation noch nicht, als ich mich unfreiwillig in Togo aufhielt. Aber schon 1991 war offensichtlich, dass das Volk unter seinem Präsidenten zu leiden hatte und man sich immer vorsichtig und unauffällig verhalten musste. Dazu kam natürlich, dass man auch für die Einreise nach Togo ein Visum brauchte, das ich nicht hatte. Also galten für mich noch einmal ganz andere Regeln. Ich war ein Flüchtling, ein illegaler Einwanderer, wenn auch unfreiwillig. Ich war zwölf Jahre alt und ich hatte große Angst, was mich in diesem Land und auf meiner weiteren Reise erwarten würde.

Nach einigen Stunden endete die Busfahrt vor einem großen weißen Haus, in dem sich bereits viele Tamilen aufhielten, die alle darauf warteten, nach Europa und Amerika weiterreisen zu können. Von so vielen Tamilen umgeben, fühlte ich mich wieder sicherer. Ein »kleines Jaffna« mitten in Afrika. Alles dort erinnerte mich an meine Mutter.

Über zweihundert Menschen waren in diesem Haus untergebracht, meist Familien, aber auch viele junge Männer. Ich lernte drei Jungs kennen, die in meinem Alter und ebenfalls ganz allein unterwegs waren. Die Menschen waren auch hier sehr freundlich zu mir, genau wie in Singapur. Irgendwie tat ich ihnen wohl Leid. Sie brachten mir auch immer Obst mit, wenn sie einkaufen gingen.

In der oberen Etage waren die Frauen untergebracht, im Erdgeschoss die Männer, wo auch ich meinen Platz hatte. Die Hausordnung war streng: Die Frauen durften nicht nach unten und die Männer nicht nach oben. Die Männer hatten nur die Möglichkeit, sich im Treppenhaus mit ihren Ehefrauen zu unterhalten, allein die Mädchen durften nach unten zu ihren Vätern. Unsere Fluchthelfer, die wir »Bosse« nannten, hatten oben neben den Zimmern der Frauen ein eigenes Zimmer. Sie hatten sogar richtige Betten. Im Flur vor ihrem Zimmer stand ein kaputtes Bett, das die »Bosse« nicht mehr brauchten. Auf diesem Bett schliefen die anderen drei Jungs. Nach zwei Monaten durfte auch ich dort oben schlafen.

Da die Frauen das Haus nicht verlassen durften, ging ich für sie zum Einkaufen. Auf dem Markt, ganz in der Nähe des Hauses, musste ich mich mit Händen und Füßen verständigen. In Togo wird Französisch gesprochen und ich verstand kein Wort. Trotzdem funktionierte die Verständigung zwischen mir und den Marktfrauen erstaunlich gut. Mit der Zeit kannten sie mich und wussten meistens schon, was ich kaufen wollte. Oft bekam ich ein Stück Obst extra, und auch die Frauen bei uns im Haus gaben mir etwas ab für meine Hilfe. Das Einkaufen machte mir Spaß, denn so kam ich zumindest hin und wieder aus dem Haus und begegnete anderen Leuten.

Obwohl die Menschen im Haus freundlich zu mir waren, vermisste ich meine Mutter sehr. Ich kann mich noch daran erinnern, dass die anderen Jungs und ich abends auf dem Dachboden lagen, durch die Fenster die Sterne anschauten und dabei an unsere Eltern dachten. Wir weinten zu viert und beteten zu Shiva, dass er uns bald nach Europa bringen würde. Wir hatten keine Ahnung, wie lange wir noch in Togo bleiben mussten. Die Väter der anderen Jungs waren bereits in Europa, aber ihre Mütter und Geschwister lebten noch auf Sri Lanka, mitten im Krieg. Genau wie meine Familie. Während wir hier in Afrika festsaßen, wussten wir nicht, wie es unseren Familien ging. Wenn ein Neuankömmling erzählte, dass viele Familien in Jaffna durch Bombenanschläge getötet worden waren, weinte ich bitterlich, bis ich völlig erschöpft war.

In Afrika waren wir von der Außenwelt fast komplett abgeschnitten. Uns blieb lediglich das alte Radio eines Mitbewohners, der den ganzen Tag versuchte, damit Nachrichten zu hören. Aus Holz und Draht hatte er sich eine Antenne gebaut. Jeden Tag stand er mit seinem Radio auf dem Dachboden, hielt es dicht an sein Ohr, drehte seine selbstgebaute Antenne in alle Richtungen und versuchte, BBC zu empfangen. Manchmal, wenn er Glück hatte, konnte er wirklich etwas hören, von dem er uns dann stolz berichtete.

Jeden Morgen gab es Baguette zum Frühstück. Wer Geld hatte, konnte sich Butter dazu kaufen. Es gab eine Gruppe von sechs Leuten, die für das Mittagessen zuständig war. Sie gingen morgens zum Einkaufen und kochten vormittags in riesigen Töpfen unser Mittagessen. Einmal in der Woche gab es Fisch oder Fleisch. Wir wussten nicht genau, um welches Fleisch es sich handelte, aber es schmeckte, und das war die Hauptsache. Wenn man Hunger hat, spielt es sowieso keine Rolle, welches Fleisch man isst. Am späten Nachmittag gab es Tee, und wenn jemand Geburtstag hatte und es sich leisten konnte, kaufte er eine Dose Kaffeesahne dazu. Zum Abendbrot bekamen wir wieder Baguette.

Die »Bosse« bekamen immer besseres Essen als wir, und wenn sie Schmerzen hatten, mussten wir sie massieren. Sie haben die Zeit in Togo genossen, denn sie konnten sich mit uns alles erlauben. Sie hatten unser Geld und konnten jederzeit in ein anderes Land ausreisen. Wir waren alle abhängig von ihnen.

An meinem 13. Geburtstag wechselte ich das Geld, das Mutter mir für die Reise mitgegeben hatte. Sie hatte mir vor dem Abflug 100 Dollar zugesteckt, mit denen ich sehr sparsam umgegangen war. Ich kaufte eine Dose Kaffeesahne und ein gebrauchtes T-Shirt. Hier gab es fast ausschließlich Secondhand-Läden, die gebrauchte Waren aus Europa verkauften. Von Europäern gespendete Kleidung wurde gesammelt, gewaschen und dann verkauft. Für mich war es wie neu und etwas Besonderes dazu, an meinem Geburtstag ein neues T-Shirt zu tragen.

Die Zeit verging. Tage, Wochen und Monate, und wir waren immer noch im Ungewissen, wann wir endlich weiterreisen konnten. Um uns von unseren Sorgen abzulenken, machten die Männer jeden Abend vor dem Haus Musik, während die Frauen aus den Fenstern schauten und zuhörten. Ein Mann, der besonders gut singen konnte, hatte sogar eigene Songs geschrieben. Die anderen holten aus der Küche Kochtöpfe und Pfannen und schlugen den Takt zum Gesang. Ich tanzte dazu, und so hatten wir jeden Abend Unterhaltung. Die Leute waren alle begeistert von unseren Auftritten. Unsere Nachbarin brachte mir das afrikanische Tanzen bei. Dabei muss man den Hintern wie eine Ente hinten hoch halten, die Brust heraus strecken und die Arme wie ein Huhn schlagen. Die Frauen in der Nachbarschaft konnten das richtig gut. Sie lernen schon als Kinder tanzen. Ich übte den Tanz Tag für Tag, bis ich irgendwann so gut war, dass ich auch vortanzen konnte. Mein Tanz war aber eher ein Gemisch aus indischem und afrikanischem Tanz. Einmal habe ich mich sogar am Tempeltanz versucht, zu dem mir eine tamilische Frau einige Bewegungen beigebracht hatte. Meine Cousine auf Sri Lanka beherrschte diesen Tanz sehr gut, aber so wie sie konnte ich ihn nicht tanzen. Trotzdem waren die anderen begeistert.

Irgendwann ging den »Bossen« das Geld aus. Sie hatten wohl nicht damit gerechnet, dass wir uns so lange in Afrika aufhalten mussten. Die Mahlzeiten wurden spärlicher und von Fisch und Fleisch war keine Rede mehr. Nur diejenigen, die eigenes Geld hatten, konnten sich selbst etwas zu essen kaufen. So ging es wochenlang weiter. Dann erhielten wir eines Tages die Nachricht, dass der »Oberboss« uns besuchen komme. Die »Bosse« hatten alle Angst vor ihm und uns ging es nicht anders. Trotzdem waren alle neugierig darauf, wie er aussah. Eines Abends war er schließlich da. Er war riesig und ich musste meinen Kopf ganz weit nach oben recken, damit ich sein Gesicht sehen konnte. Am selben Abend rief er uns alle zusammen. Alle kamen, denn jeder wollte wissen, wann wir endlich weiterfliegen könnten, aber keiner traute sich, ihn zu fragen. Wir waren alle völlig abhängig von ihm, und das ließ er uns auch spüren. Man sagte sogar, dass er öfter Leute schlug, wenn er schlechte Laune hatte. Abends trank er meist Bier. Wenn ich für ihn einkaufen gehen sollte, brüllte er meinen Namen durchs ganze Haus. Sogar in der Dunkelheit schickte er mich noch zum Bier holen. Meistens bat ich einen Erwachsenen, mich zu begleiten, da ich Angst hatte, alleine zur Bar zu gehen. Der »Oberboss« führte sich auf wie ein König, sein Wort war Gesetz.

Während unseres Aufenthalts in Togo wurden viele von uns plötzlich krank. Auch ich lag tagelang krank im Bett. In dieser Zeit habe ich mir so sehr gewünscht, dass meine Mutter bei mir gewesen wäre und mich versorgt hätte. Natürlich konnte dieser Wunsch nicht erfüllt werden, und so musste ich allein zurecht kommen. Da wir in den Räumen kaum Platz hatten und alle dicht gedrängt liegen mussten, verbreiteten sich Krankheiten immer sehr schnell. Besonders Magen-Darm-Krankheiten grassierten häufig, ausgelöst durch das minderwertige Essen. Einige von uns erkrankten schwer. Ein Mann, der mit uns gereist war, starb sogar an einer solchen Infektion.

Eines Tages bekam eines der Mädchen ihre erste Periode. Auf Sri Lanka war es üblich, dieses Ereignis mit Verwandten und Bekannten groß zu feiern. Im Krieg war das anders, da war die erste Periode und das Heranwachsen von jungen Frauen kein Grund zur Freude mehr. Nun musste man vielmehr Angst haben, dass die Mädchen von den Soldaten vergewaltigt werden würden. Aber hier in Afrika war kein Krieg und so dekorierten die Frauen mit ihren bunten Saris das Haus. Andere Dekorationen konnten sie sich nicht leisten. Alle, die sich zu der Zeit im Haus aufhielten, waren eingeladen, denn einen Anlass zum Feiern hatten wir sonst selten.

Eines Tages nahm einer der »Bosse« dreißig von uns mit ins Nachbarland Benin. Sie sollten von dort nach Europa geschleust werden. Der Versuch scheiterte jedoch bei der Landung in Paris. Die Franzosen schickten alle wieder nach Afrika zurück. Darunter befand sich auch eine hochschwangere Frau. Sie konnte ihr Kind zwar noch zur Welt bringen, aber es starb kurze Zeit später. Warum dieses Kind gestorben ist, wusste keiner. Die Eltern hatten die ganze Zeit über kaum etwas zum Essen gehabt. Möglicherweise ist das Kind an Mangelerscheinungen gestorben oder es konnte sich gar nicht erst richtig entwickeln. Die medizinische Versorgung des Neugeborenen war zudem auch unzureichend. Die Trauerfeier fand in Benin statt. So bitter es klingt, aber mit dem Kind wäre es erheblich schwieriger gewesen wieder einzureisen, da es nicht in den Reisepässen der Eltern eingetragen war.

Als mein »Boss« kurze Zeit später bei uns anrief und mich sprechen wollte, beschimpfte ich ihn. Ich war so wütend, dass er unser Geld kassiert hatte und uns einfach monatelang in Afrika warten ließ. Der »Boss« war über mein Verhalten sehr verärgert, trotzdem versuchte er auch weiterhin, einen Fluchtweg nach Deutschland für mich zu finden. Da der Plan, uns von Benin aus nach Europa zu bringen, nicht funktioniert hatte, versuchten es unsere »Bosse« über Marokko. Mit einem kleinen Bus fuhren sie zehn Männer dorthin, um erneut ihr Glück zu versuchen. Nach zwei Monaten kamen die Männer mit Vollbärten und völlig deprimiert und erschöpft wieder zurück. Sie hatten viele Umwege fahren müssen, weil sie nicht alle Grenzen ohne Visum passieren konnten und ihnen das Geld für Nahrungsmittel ausgegangen war.

Unsere Lage schien aussichtslos. Ich konnte nicht mal sagen, wo genau ich mich befand, oder wo überhaupt Togo liegt. Mein Wissen von sieben Schuljahren reichte dafür nicht aus. Es blieb uns nichts anderes übrig, als darauf zu warten, dass irgendetwas passieren würde. Irgendwann rief mich dann der »Oberboss« zu sich. Voller Angst, am ganzen Körper zitternd, stand ich vor ihm. Er sagte, dass ich mich schnell fertig machen solle, es gäbe für mich die Möglichkeit, von Ghana aus nach Europa zu fliegen. Ich freute mich sehr, dass es nach sechs Monaten endlich weitergehen sollte. Ich packte meine Sachen, verabschiedete mich und umarmte die Menschen, die mir lieb geworden waren. Ich weinte sogar, als ich im Auto saß und Richtung Grenze fuhr. Der »Oberboss« saß vorne und sagte, dass er meine Tasche nehmen würde. Ich sollte versuchen, mich an der Grenze zwischen den vielen Händlerinnen zu verstecken. So sollte ich unauffällig die Grenze überqueren. Ich hatte nichts bei mir, keinen Reisepass und auch kein Geld. Er nahm also meine Tasche, wie er es gesagt hatte, und ich mischte mich unter die Händlerinnen. Ich war ziemlich klein und konnte mich in der Dunkelheit gut verstecken. Die Frauen waren alle groß und breit und ich konnte unauffällig zwischen ihnen verschwinden. Mein Herz raste, ich zitterte die ganze Zeit und hatte panische Angst, dass ich im nächsten Augenblick erwischt werden könnte. Wenn ich entdeckt würde, wäre die Reise sofort zu Ende. Die Beamten würden mich wieder in den Krieg zurückschicken. Als wir endlich vor dem großen Grenztor aus Holz standen, öffneten es zwei Beamten mit braunen Uniformen, um die Händlerinnen durchzulassen.

Langsam überquerte ich im Schutz der Frauen die Grenze von Togo nach Ghana. Ich hatte eine Heidenangst, mir zitterten die Knie. Aber ich sagte mir: »Wenn du nach Deutschland willst, musst du jetzt hier durch.« Also nahm ich meinen ganzen Mut zusammen und lief los. Ich war dankbar, dass die afrikanischen Frauen alle so breit gebaut waren und ich mich gut zwischen ihnen verstecken konnte. Auf der anderen Seite der Grenze wartete schon der »Oberboss« auf mich. Ich war sehr erleichtert, ihn zu sehen. Dieses Gefühl hatte ich zum ersten Mal. Normalerweise war ich froh, wenn ich ihn nicht sehen musste. Er hielt ein Taxi an, und wir fuhren nach Accra. Auf der Fahrt sah ich viele Händlerinnen mit Babys auf dem Rücken, die die unterschiedlichsten Gegenstände auf dem Kopf transportierten: Körbe, Flaschen, Kleiderbündel ... Ich sah viele kleine Hütten am Straßenrand, vor denen Leute saßen und Feuer machten. Wahrscheinlich waren sie dabei, ihr Abendessen vorzubereiten. Ich war von der Grenzüberquerung so aufgewühlt, dass ich während der Fahrt aussteigen und mich übergeben musste.

Die Fahrt dauerte lange. Spät am Abend wurde ich in ein Haus gebracht, in dem ich auf weitere Tamilen traf, die ich zuvor noch nie gesehen hatte. Auch sie warteten seit Monaten auf die Reise nach Europa. Draußen vor dem Haus stand ein Schild mit der Aufschrift »Hotel«, aber es war eigentlich kein Hotel, sondern lediglich ein großes Haus mit vielen Zimmern. Die Vermieter wohnten ebenfalls im Haus. Das Beste war jedoch, dass es im Haus ein Telefon gab. In Togo hatten wir nämlich über eine Stunde zu Fuß gehen müssen, um mit Verwandten in Europa telefonieren zu können. Da wir alle nicht genug Geld für einen Anruf in Europa hatten, organisierten wir eine Art Telefonkette. Jeder, der einen Anruf aus Europa erhielt, bat seine Verwandten, unsere Telefonnummer an andere Verwandte weiterzugeben, so dass jeder von uns angerufen werden konnte. Es war jedoch gar nicht so einfach uns zu erreichen, denn das Telefon war meistens besetzt. Manchmal wartete man von morgens bis abends, um dann gerade mal fünf Minuten telefonieren zu können. Aber immer wenn ich mit meinem Onkel in Deutschland telefonierte, bekam ich wieder Hoffnung und das sichere Gefühl, dass ich bald in Europa sein würde.

Von meinem Zimmer aus konnte ich eine Schule beobachten, die direkt neben unserem »Hotel« lag. Die Schüler dort trugen alle braune Uniformen. Ich erinnerte mich an meine Schule auf Sri Lanka, in der ich immer eine blaue Hose und ein weißes Hemd getragen hatte. Oft dachte ich an meine alte Schulklasse und an meine Klassenkameraden, mit denen ich in den Pausen gespielt hatte. Ich vermisste sogar diejenigen, mit denen ich meist Streit gehabt hatte. In den Pausen spielten wir oft Verstecken. Schon über ein Jahr war ich nicht mehr dort gewesen und ich vermisste die Schule sehr, obwohl ich immer mit Schlägen rechnen musste. Ich machte mir große Sorgen, was weiter mit mir geschehen würde. Ich hatte immer davon geträumt, das Abitur zu machen und Medizin zu studieren. Ich beneidete die Schulkinder nebenan. Jeden Tag, wenn die Schüler Pause hatten, stand ich am Fenster und beobachtete, wie sie dieselben Spiele spielten, die ich mit meinen Freunden gespielt hatte. Dabei hatte ich immer das Gefühl, gar nicht so weit weg von zu Hause zu sein.

Vor der Schule stand jeden Mittag eine Frau, die afrikanisches Essen an die Kinder verkaufte. Ich war neugierig, wie das wohl schmeckte. Einmal bekamen wir alle etwas Geld von unserem »Boss« und durften uns selbst etwas zu essen kaufen. Ich ging sofort nach unten und stellte mich mit den anderen Schulkindern in die Schlange vor dem Verkaufsstand, um das besondere afrikanische Essen zu probieren. Da meine Haut heller war als die der anderen Kinder, fiel ich ziemlich auf. Alle sahen mich ganz neugierig an. Ihre Blicke störten mich aber überhaupt nicht, denn ich schaute sie mindestens genauso interessiert an wie sie mich. Das Essen schmeckte eigenartig, es war nicht scharf, aber auch nicht süß, eben afrikanisch, dachte ich.

Unsere Vermieterin nannten wir »Mama«. Sie war sehr groß und strahlte wie die Sonne, wie die meisten Afrikaner. Sie war warmherzig und liebenswert, eine tolle Frau. Abends bereitete sie »Fufu« vor, eine Art afrikanischen Grießbrei, wobei sie alles mit den Händen machte, wie es auch meine Großmutter immer getan hatte. Wenn ich daneben stand und ihr bei der Arbeit zusah, gab sie mir meist etwas ab.

Über einen Monat waren wir nun schon in Ghana, und noch immer war kein Ende unseres Aufenthalts in Sicht. Jeden Tag hofften wir, dass wir endlich weiter nach Europa fliegen könnten. Aber eines Tages kam der »Boss«, der uns eine Zeit lang allein gelassen hatte, zurück und brachte uns wieder nach Togo, wo ich schon sechs Monate verbracht hatte. Er hatte für mich in Ghana ein Visum für Togo gekauft. Es war natürlich gefälscht, aber so konnte ich problemlos wieder nach Togo einreisen und mich dort unbehelligt aufhalten. Als ich in Togo all die anderen tamilischen Flüchtlinge wiedersah, die dort immer noch warteten, verlor ich vollends die Hoffnung, dass ich in den nächsten Monaten nach Europa kommen würde.

Unter den Flüchtlingen herrschte große Trauer über den Tod eines Mannes. Er war wie wir aus dem Krieg geflüchtet, in der Hoffnung, in Europa ein friedliches Leben führen zu können. Jetzt war er an hohem Fieber gestorben. Wäre er zu dem Zeitpunkt schon in Europa gewesen, er wäre wohl noch am Leben. Mit ihm auf der Flucht war auch seine kleine Schwester, die noch jünger war als ich. Plötzlich war sie ganz allein und furchtbar traurig. Der Mensch, der ihr am nächsten gestanden und der ihr während der langen Zeit ein Gefühl von Geborgenheit und Schutz gegeben hatte, war nicht mehr da. Alle im Haus kümmerten sich um das arme Mädchen. Zum Glück kam bald ein anderer Bruder aus Europa nach Afrika und holte sie ab. Ich wüsste gerne, wie er es angestellt hat, ein Visum für sie zu besorgen.

Viele von uns hatten kein Geld mehr und konnten

sich kein Trinkwasser kaufen. Deshalb erkrankten die meisten von uns durch verunreinigtes Wasser. Die Leute wurden von Tag zu Tag mutloser und deprimierter. Wir hätten jederzeit zurück nach Sri Lanka fliegen können, aber dort standen uns Folter und Tod bevor. Das Geld, das meine Mutter den »Bossen« bezahlt hatte, die Anstrengungen, die sie auf sich genommen hatte, um mich aus dem Krieg zu retten, alles wäre umsonst gewesen. Sie hatte ihr Leben riskiert, um meines zu retten. Wenn ich nun selbst mein Leben aufs Spiel setzte, würde ihr das große Schmerzen bereiten. Ich wusste nicht, ob Mutter überhaupt wusste, dass ich noch am Leben war. Seit dem Tag, an dem ich Sri Lanka verlassen hatte, hatte ich keinen Kontakt mehr zu ihr gehabt. Ich konnte weder ihre Stimme hören noch hatte ich irgendein Erinnerungsstück von ihr. Jedes Mal, wenn ich kurz davor war, meine Hoffnung zu verlieren, dachte ich an sie. Allein der Gedanke gab mir wieder Mut. Trotzdem schwand die Hoffnung mit jedem Tag und ich wurde immer mutloser.

In Togo war es mittlerweile auch nicht mehr friedlich. Die Menschen demonstrierten auf den Straßen für mehr Rechte. Die Soldaten kamen mit Jeeps und Lastwagen und versuchten, die Demonstrationen zu verhindern, indem sie Tränengas einsetzten. Die Demonstranten warfen mit Steinen und anderen Gegenständen nach den Soldaten. Über ihnen flog ein Hubschrauber, der Tränengasbomben abwarf. Wir blieben alle im Haus und hatten Angst, dass der Hubschrauber auch uns angreifen könnte. Unser Nachbarhaus wurde von einer Tränengasbombe getroffen, die Bewohner kämpften mit Wasser gegen die Nebelschwaden an. Die Sehnsucht nach Frieden hatte sich für uns auch in Togo nicht erfüllt.

Die »Bosse« wollten jetzt versuchen, uns über Jugoslawien nach Europa zu bringen. Aber auch dieser Plan konnte nicht realisiert werden, denn dort herrschte ebenfalls Krieg. Eines Tages erschien plötzlich und unerwartet ein weiterer »Boss« aus Sri Lanka. Er verschwand schon am selben Tag wieder und niemand wusste, warum er überhaupt gekommen war. Ich bekam mit, dass er für mich zuständig war, konnte mich aber nur noch daran erinnern, dass ich ihn mal am Telefon angeschrieen hatte. Gesehen hatte ich ihn zuvor nie. Vielleicht gab es am Ende doch einen neuen Plan für unser Flucht?

Am nächsten Tag kam ein weiterer »Boss« aus Benin, ein älterer Mann um die sechzig. Die Leute im Haus sagten, dass er mit einer jungen Frau aus Togo zusammenlebe. Es fiel schwer mir vorzustellen, dass eine junge Frau mit so einem alten Mann zusammen lebte, aber es hieß, dass Geld wohl eine wichtige Rolle in dieser Verbindung spielte. Der alte »Boss« sagte mir, ich solle meine Sachen packen. Ich sollte noch an diesem Tag nach Nigeria fahren. Wie immer kam die Entscheidung sehr plötzlich. Ich wusste nicht, was sie mit mir vorhatten. Aber dennoch schöpfte ich wieder Hoffnung, als ich diese Nachricht hörte. Vielleicht klappte es ja diesmal, denn ich wollte nicht noch einmal nach Togo zurückkehren müssen. Das Taxi stand bereits vor der Tür und ich verabschiedete mich erneut von meinen Mitbewohnern und umarmte sie alle. Mit einer Frau hatte ich zuvor Streit gehabt, aber an diesem Tag ging ich zu ihr und umarmte auch sie. Ich musste weinen. Vermutlich würde ich sie alle nie mehr wiedersehen. Dieses Mal hatte ich wenigstens das Gefühl, dass ich wirklich nach Europa fliegen würde. Es blieben noch ein paar Minuten Zeit, um mich von unseren afrikanischen Nachbarn zu verabschieden, die immer sehr nett zu mir gewesen waren. Sie wünschten mir Glück für die Reise und dass ich sie nicht vergessen solle. Ich ging mit gemischten Gefühlen. Die Freude, endlich aus Togo wegfahren zu können war groß, aber ich war auch traurig darüber, dass ich die Menschen, mit denen ich seit Monaten mein Schicksal geteilt hatte, verlassen musste.

Das Besondere an unserem Zusammenleben war, dass es keinen Unterschied zwischen den oberen und den unteren Kasten gab. Wir waren alle nur Tamilen, die vor dem Krieg geflüchtet waren und Frieden suchten. Wir fühlten uns wie eine große Familie. Auf Sri Lanka hätte jemand aus der untersten Kaste nicht mal unser Haus betreten dürfen, denn meine Familie gehört einer höheren Kaste an. Mein Vater besitzt nämlich astrologische Kenntnisse, die ihm auf Sri Lanka hohes Ansehen garantieren. Die Tamilen, die sich mit mir in Togo aufhielten, kamen aus den verschiedensten Schichten. Warum die Tamilen auf Sri Lanka diesen Kastenunterschied machen, kann ich nicht begreifen. Der Krieg hat uns gelehrt, dass man keinen Unterschied zwischen den Menschen machen sollte, die doch eigentlich alle das Gleiche wollen: miteinander in Frieden leben. Solange wir Tamilen einen gemeinsamen Feind haben, die singhalesische Regierung, gelten Kastenunterschiede nicht mehr. Aber ohne den Krieg hätte cin Angehöriger aus der untersten Kaste, von denen es hier in Afrika viele gab, nicht einmal meinen Teller berühren dürfen. Jetzt war es den Menschen egal, mit wem sie ihre Unterkunft und ihre Mahlzeiten teilten. In Togo wurde für alle in einem großen Topf gekocht, das gab es auf Sri Lanka nicht. Vielleicht werden die Erfahrungen der Flüchtlinge im Krieg irgendwann dafür sorgen, dass das Kastendenken der Sri-Lanker endlich aus ihren Köpfen verschwindet. Vielleicht könnten wir dann endlich in Frieden leben.

Aber nun war der Zeitpunkt des Abschieds gekommen. Mit mir sollten fünf weitere Flüchtlinge reisen, die mit in dem Haus untergebracht waren und für die derselbe Schlepper zuständig war wie für mich. Ein Visum für Nigeria hatten wir nicht, deshalb fuhren wir zunächst von Togo nach Benin. Wie wir das geschafft haben, weiß ich nicht, denn alles wurde von unserem »Oberboss« organisiert. In Benin mussten wir stundenlang warten, bis wir die Visa für Nigeria bekamen. Wir waren froh, als wir endlich die Grenze nach Nigeria passieren durften. Die Visa waren auch wieder gefälscht, aber niemand hinderte uns an der Einreise und wir waren sehr erleichtert. In Nigeria traf ich weitere Tamilen, die auch nach Europa wollten. Die vielen neuen Gesichter machten mich nervös. Auf den Straßen sah ich überall nur Soldaten. Es schien, als würde die ganze Stadt – wir befanden uns in Lagos – von ihnen regiert. Ich hatte Angst vor ihnen, da sie mich wieder an den furchtbaren Krieg in meiner Heimat erinnerten.

In der Unterkunft, in der wir uns in Nigeria aufhielten, traf ich zum ersten Mal bewusst den »Boss«, der die Aufgabe hatte, mich nach Deutschland zu bringen. Das war der Mann, mit dem meine Mutter sich in Colombo getroffen und meine Flucht vereinbart hatte. Bereits nach wenigen Tagen organisierte er den ersten Flug nach Europa, aber leider war ich nicht dabei. Ich fragte ihn, warum ich nicht mitfliegen durfte. Er erinnerte mich an das Telefongespräch in Togo. Wahrscheinlich wollte er sich dafür rächen, dass ich ihn am Telefon beschimpft hatte. Ich musste seine Entscheidung akzeptieren, denn er entschied über meine Zukunft. Ich entschuldigte mich bei ihm dafür, dass ich so frech zu ihm gewesen war und ging traurig in mein Zimmer.

Nach einigen Tagen kamen mir wieder Zweifel, ob ich es jemals bis nach Europa schaffen würde. Ich war nun schon in so vielen Ländern gewesen und immer waren die Angst und die Ungewissheit meine Begleiter gewesen. Ich war völlig erschöpft von der Flucht und mutlos von der Warterei, aber ein kleiner Hoffnungsschimmer war immer noch vorhanden.

Zwei Wochen später sagte mir mein »Boss«, dass ich noch an diesem Abend nach Europa fliegen würde. Ich war so glücklich über diese Nachricht und packte sofort meine Sachen. Ich betete, dass ich heil in Europa ankommen und dass mich niemand erwischen würde. Am Abend fuhren wir zusammen mit etwa zehn weiteren tamilischen Flüchtlingen, darunter auch eine Mutter mit drei Kindern, zum Flughafen, und der »Boss« ließ uns in einem Aufenthaltsraum warten. Nach zwei Stunden kam er zurück und sagte, dass wir zurück in unsere Unterkunft müssten. Wir waren alle sehr traurig, der Traum schien geplatzt. Warum wir nicht fliegen konnten, wollte uns der »Boss« nicht sagen. Er sprach nie mit uns darüber. Alles lag in seinen Händen. Ich war sehr müde, enttäuscht und völlig erschlagen und wollte nur noch schlafen.

Am nächsten Morgen weckte uns der »Boss« zeitig. Wir sollten uns rasch fertig machen, da wir gleich zum Flughafen müssten. Obwohl die Ankündigung wieder völlig überraschend kam, mussten wir nichts packen, da noch alles vom Vortag reisefertig war. Wir fuhren zum zweiten Mal zum Flughafen, und diesmal lief endlich alles so, wie wir es uns gewünscht hatten.

Ankunft in Deutschland

Nach acht Monaten saß ich endlich wieder im Flugzeug und dieses Mal wackelte die Maschine nicht so wie bei unserem Flug nach Togo. Auf den Flug selbst war ich aber nicht mehr neugierig. Vielmehr fesselten mich die Gedanken an die Städte und die vielen weißen Menschen und vor allem beschäftigte mich die Frage, ob sich meine Sehnsucht nach Frieden endlich erfüllen würde. Aber dann hatte ich plötzlich Angst, dass die Europäer mich wieder in den Krieg zurückschicken würden. Monatelang war ich auf der Flucht gewesen und meine Mutter hatte viel Energie und Geld in meine Sicherheit investiert. Wenn ich jetzt wieder zurückfliegen müsste, würde ich mit großer Wahrscheinlichkeit sterben. Während des Fluges malte ich mir aus, wie mich die Leute am Flughafen wohl behandeln würden. Französische Behörden hatten erst vor kurzem dreißig Menschen vom Pariser Flughafen wieder nach Afrika zurückgeschickt. Was die deutschen Behörden wohl mit uns machen würden? Was sollte ich tun, wenn sie mich auch zurückschicken wollten? Sollte ich schreien oder weinen? Ich war ratlos. Das sollte sich auch nicht ändern, als wir endlich auf deutschem Boden gelandet waren. Jetzt begann der letzte und zugleich schwierigste Teil meiner Reise und ich hatte niemanden, den ich um Rat fragen konnte. Die Menschen in Togo, die mein Schicksal bisher geteilt hatten, waren weit weg. Was mit ihnen passiert ist und ob sie jemals ihr Ziel erreicht haben, weiß ich nicht. Die Tamilen, die mit mir in dieser Maschine saßen, waren mir fremd und hatten ihre eigenen Sorgen.

Nach einem kurzen Zwischenstop in Spanien landete die Maschine am 10. September 1991 um Mitternacht in Frankfurt. Kurz bevor wir ausstiegen, spülte ich noch schnell meinen Pass die Flugzeugtoilette hinunter. Das hatte mir mein Schlepper vor dem Abflug eingetrichtert. »Du musst unbedingt vor der Landung deinen Pass vernichten«, hatte er gesagt. »Wenn sie nicht wissen, woher du kommst, können sie dich nicht gleich wieder zurückschicken.« Sie, das waren die Bundesgrenzschutzbeamten. Sie hatten Befehl, Flüchtlinge ins nächste Flugzeug nach Hause zu setzen. Das ist der Hauptgrund, warum die meisten Flüchtlinge ohne Papiere einreisen. Wenn man ihnen nicht nachweisen kann, aus welchem Land sie kommen, werden sie zunächst in ein Auffanglager gebracht, bis ihre Nationalität geklärt ist. Wenn sie Glück haben, hilft ihnen dort jemand, einen Antrag auf Asyl zu stellen. Dann können sie zumindest bleiben, bis über diesen Antrag entschieden ist. Das kann manchmal ziemlich lange dauern. Der große Nachteil ist, dass die Flüchtlinge sich außerhalb des Lagers nicht frei bewegen dürfen. Im Lager gibt es für sie zu essen und einen Schlafplatz, aber nicht mehr. Besonders die Jüngeren langweilen sich und sind daher leichte Beute für Drogenbosse, die zu den Lagern gehen und den Jugendlichen auf die Schnelle Geld und einen tollen Lebensstil versprechen, wenn sie bereit sind, als Drogendealer zu arbeiten. Obwohl sie damit kriminell werden und Gefahr laufen, bei Entdeckung sofort abgeschoben zu werden, lassen sich viele jugendliche Flüchtlinge darauf ein. Die Chance, das Lager zu verlassen und eigenes Geld zu verdienen, ist zu verlockend. Mir blieb ein solches Schicksal zum Glück erspart. Ich hatte Verwandte in Deutschland, und ich wusste, dass mein Onkel sich um mich kümmern würde.

Nachdem wir das Flugzeug verlassen hatten, strömten meine Mitreisenden der Passkontrolle und dem Ausgang zu. Die Tamilen, die mit mir geflogen waren, konnte ich nirgends entdecken. Ich hatte nur eine kleine Reisetasche als Handgepäck dabei. Das war auch mein Glück, ich hätte ja keine Möglichkeit gehabt, zum Gepäckband, das hinter der Passkontrolle liegt, zu gelangen. Ich blieb also in der Halle stehen und schaute mich neugierig in dem großen Flughafengebäude um. Ich staunte, wie sauber alles war. Jede Oberfläche schien zu blitzen und zu blinken. Ich sah nur wenige Menschen, denn es war ja bereits Mitternacht. Ich wusste nicht, wo ich hin sollte und so setzte ich mich einfach auf eine Bank. Meine Müdigkeit ließ mich irgendwann einschlafen.

Nach kurzer Zeit wachte ich aber schon wieder auf. Meine Angst, jemand könne meine Tasche stehlen, ließ mir keine Ruhe. Schließlich legte ich sie mir wie ein Kissen unter den Kopf. Aber auch jetzt konnte ich nicht wirklich einschlafen. Stattdessen hörte ich, wie Menschen an meiner Bank vorübergingen. Als ich die Augen öffnete, waren plötzlich Hunderte von Menschen im Flughafengebäude. Sie eilten mit ihren Koffern an mir vorbei. Ich fand das alles unglaublich interessant, besonders spannend waren die Menschen, die alle eine weiße Haut, leuchtende blonde Haare und schöne bunte Augen hatten. Ich war völlig fasziniert. Von Sri Lanka kannte ich nur Menschen mit dunkler Hautfarbe, die wie ich schwarze Augen und Haare hatten. Ich kann mich aber noch gut daran erinnern, dass einmal Europäer vom Roten Kreuz bei uns in Puthur waren, die uns etwas zu essen mitbrachten. Meine Geschwister und ich waren damals noch sehr klein und wir liefen die ganze Zeit hinter ihnen her. Wir wollten unbedingt ihre Haare und ihre Haut anfassen, um zu wissen, wie sie sich anfühlten. Natürlich waren auch auf den Flughäfen in Singapur und Lagos Weiße gewesen, aber sie waren doch eher die Ausnahme. Jetzt sah ich auf einmal nur noch weiße Gesichter und war fasziniert, wie sehr sie sich voneinander unterschieden.

Während ich sie mit großen Augen anstarrte, kamen zwei Frauen auf mich zu und gaben mir zu verstehen, dass ich mit ihnen kommen sollte. Ich folgte ihnen, obwohl ich nicht wusste, wohin sie mich bringen würden. Ich sah viele Männer mit grünen Uniformen. Sie waren vom Bundesgrenzschutz. Die Frauen führten mich in einen Raum, in dem bereits die anderen Sri-Lanker aus dem Flugzeug saßen. Nach einer Weile mussten diese aber den Raum verlassen und ich blieb allein zurück. Das Schicksal der anderen war mir in diesem Augenblick völlig egal, hier und jetzt ging es nur noch um mich und darum, dass sie mich nicht wieder zurückschickten.

Nach einigen Minuten kam ein Dolmetscher. Als ich ihn sah, fühlte ich mich irgendwie sicherer. Er sprach Tamil und ich sagte ihm alles, was ich auf dem Herzen hatte. Er gab mir in diesem Moment ein so starkes Gefühl von Geborgenheit, das ich nicht beschreiben kann. Ich hoffte, dass er nun alles tun würde, damit ich in Deutschland bleiben konnte. Er sprach lange mit den Polizisten. Ich verstand kein Wort, aber es klang kompliziert und ich bewunderte den Dolmetscher, dass er sich so gut auf Deutsch verständigen konnte. Dann wurde ich in einen anderen Raum geführt und musste dort Fragen beantworten, die der Dolmetscher übersetzte. Danach musste ich wieder warten. Der Dolmetscher verabschiedete sich von mir mit den Worten: »Du brauchst keine Angst zu haben.« Aber seine Worte konnten mich doch nicht wirklich beruhigen.

Ein Polizist, der in meiner Nähe stand, hatte eine Tafel Schokolade in der Hand. Allein vom Hinsehen lief mir das Wasser im Mund zusammen und ich spürte meinen Magen knurren. Ich hatte schon lange keine Schokolade mehr gegessen, denn bei uns zu Hause gab es so etwas nur ganz selten. Der Polizist kam zu mir hinüber und schenkte mir ein Stück. Es schmeckte herrlich und nahm mir vorübergehend meine Ängste.

Kurz darauf kam eine Frau ins Zimmer und sprach mit den Polizisten. Dann redete sie mit mir, auf deutsch, vermutete ich, denn ich verstand kein Wort. Aber an ihrer Gestik konnte ich erkennen, dass sie mich zum Mitkommen aufforderte. Also ging ich hinter ihr her. Wir gingen durch einen langen Flur Richtung Ausgang. Wieder starrte ich die vielen fremden Menschen an. Jedes neue Gesicht war für mich interessant, denn nicht alle hatten blonde Haare, es gab auch Leute mit roten Haaren und eine Frau hatte sogar grüne Haare. Ich konnte es nicht glauben! Die Farben faszinierten mich. Die Frau war schon zehn Meter vor mir und gab mir zu verstehen, dass ich mich beeilen solle. Ich wusste wieder nicht, wohin sie mich mitnahm. Ich vermutete, dass sie mich adoptieren wollte und sagte auf Englisch zu ihr: »My uncle lives in Hamburg and I want to call him.« Daraufhin sagte sie, ebenfalls auf Englisch, dass ich meinen Onkel später gerne anrufen könne. Später erfuhr ich, dass einer meiner Mitreisenden noch aus der Ankunftshalle meinen Onkel angerufen hatte und auch jemandem vom Sozialdienst, der sich um mich kümmern sollte. Die Frau arbeitete in Frankfurt in einem Jugendheim. Sie war von den Grenzschutzbeamten benachrichtigt worden; sie sollte mich für eine Nacht in diesem Heim unterbringen.

Wir fuhren mit dem Auto und ich staunte, wie schön bunt und neu die Autos in Deutschland waren – und wie schnell sie fuhren! Das gab es vielleicht in Colombo, aber nicht in Jaffna. Auch die Hochhäuser mit den Glasfronten waren wunderschön. Nach einer Stunde Fahrt kamen wir in dem Jugendheim an. Es waren viele Kinder dort, auch einige tamilische. Sie waren ebenfalls neu in Deutschland. Ich hatte seit Stunden nichts mehr gegessen und riesigen Hunger. Die Frau brachte mir einen runden, flachen Teig mit Belag und sagte, dass man es »Pizza« nennen würde. Ich hatte noch nie davon gehört. Die Pizza war in der Mitte ganz rot und ich dachte, das wäre Blut. Mir wurde ganz schlecht bei dem Anblick der Pizza, aber mein Hunger war so groß, dass ich schließlich den Rand aß. Davon wurde ich natürlich nicht satt, aber ich konnte mich mit niemandem verständigen, um nach etwas anderem zu fragen.

Nach dem Essen durfte ich meinen Onkel in Hamburg anrufen. Als ich seine Stimme hörte, fühlte ich mich plötzlich sicher. Meine Ängste waren auf einmal wie weggeblasen. Ich freute mich riesig, dass ich endlich zu ihm nach Hamburg durfte. Eine Nacht musste ich nur noch im Heim bleiben. Am nächsten Tag kam mein Onkel und holte mich ab.

Es war das erste Mal, dass ich ihm begegnete. Als er damals nach Deutschland auswanderte, war ich gerade erst geboren. An meine Tante dagegen konnte ich mich noch erinnern, aber auch unsere letzte Begegnung war

Jahre her. Mein Onkel hatte tamilisches Essen mitgebracht, das meine Tante extra für mich gekocht hatte. Als ich all die leckeren Sachen sah, spürte ich meinen Hunger wieder. Ich probierte alles und konnte gar nicht glauben, dass ich mitten in Deutschland tamilisches Essen bekam. Während der ganzen Autofahrt guckte ich aus dem Fenster. Meine Neugier auf Deutschland war unglaublich groß.

Als wir in Hamburg ankamen, freute ich mich besonders, meine Tante wiederzusehen. In der Wohnung gab es einen Fernseher, einen Kühlschrank und sogar einen CD-Player. Meine Tante gab mir kaltes Wasser aus dem Kühlschrank zu trinken. Aus dem Wasserhahn an der Wand kam sogar warmes Wasser! Ich bekam zur Begrüßung Schokolade und aß sie voller Genuss auf dem Balkon, von dem aus ich den tollen Ausblick genießen konnte. Ich konnte es kaum glauben, dass ich endlich in Deutschland angekommen war!

In der Wohnung meines Onkels hatte ich ein bisschen das Gefühl, wieder zu Hause zu sein. Die Kleidung und das Essen waren tamilisch, ich konnte tamilische Filme sehen und Musik hören. Es kam mir vor wie ein Stück Sri Lanka mitten in Deutschland. Endlich war ich in Sicherheit, kein Soldat konnte mich bedrohen, festnehmen, schlagen oder erschießen! Ich konnte ohne Angst auf die Straße gehen. Es war wunderbar, in einem Land zu sein, in dem kein Krieg herrschte. Ich konnte mich endlich frei und sicher fühlen, etwas, das meiner Familie auf Sri Lanka leider nicht vergönnt war. Ich dachte ständig an sie. Nachts träumte ich meist vom Krieg. Diese schrecklichen Träume, in denen ich lauter grausame Dinge sah, ließen mich nicht los. Oft wachte ich schweißgebadet auf und war erleichtert, dass ich nur geträumt hatte. Die schrecklichen Bilder ließen sich nicht vertreiben, Nacht für Nacht sah ich sie vor mir. Wenn ich dann an meine Eltern dachte, fing ich oft an zu weinen, ohne dass ich es merkte.

Seit ich in Colombo in das Flugzeug eingestiegen war, hatte ich nichts mehr von meinen Eltern gehört. Auch jetzt wusste ich immer noch nicht, ob es ihnen gut ging. In Jaffna gab es kein Telefon und wenn meine Eltern die Möglichkeit gehabt hätten, in Colombo zu telefonieren, dann wäre es so teuer gewesen, dass sie ihren ganzen Verdienst allein für das Telefongespräch hätten ausgeben müssen. Briefe waren mehrere Monate unterwegs, wenn sie überhaupt je ankamen. Briefe aus dem Ausland werden in der Regel geöffnet und durchsucht. Die Regierung hat Angst, dass auf diesem Weg Geld oder geheime Botschaften in den Norden des Landes gelangen könnten.

Ich dachte oft an die Menschen auf Sri Lanka, für die kein Frieden in Sicht war. Als ich endlich in der Wohnung meines Onkels mit meiner Mutter telefonieren konnte, weinte sie vor Freude und war glücklich, dass ich heil in Deutschland angekommen war. Sie war stolz auf mich, dass ich die ganze Zeit durchgehalten hatte. Und ich war stolz auf sie, weil sie sich so für mich eingesetzt hatte. Es war ein schönes Gefühl, ihre Stimme wieder zu hören, aber wir konnten nicht lange telefonieren, denn das Telefonat war sehr teuer. Nachdem sie nun wusste, dass ich in Deutschland war, fuhr sie wieder nach Jaffna zurück. Ich erfuhr erst jetzt, dass sie die ganze Zeit in Colombo geblieben war und erst nach Jaffna zurück fahren wollte, wenn ich sicher angekommen war. Als ich das hörte, wollte ich sie unbedingt sehen und umarmen, aber das war leider unmöglich. Mein Onkel, der die ganze Zeit mit ihr telefonisch in Kontakt stand, hatte gleich nach unserer Ankunft in Hamburg in der Pension, in der sie in Colombo ein Zimmer bewohnte, angerufen. Das war am 11. September 1991, ziemlich genau acht Monate, nachdem ich Sri Lanka verlassen hatte.

Ein neues Leben

An meinem zweiten Tag in Hamburg ging ich mit meiner Tante einkaufen und betrat zum ersten Mal in meinem Leben einen Supermarkt. Die Lebensmittel waren bunt verpackt und man konnte einfach alles kaufen, was man wollte. Meine Tante kaufte Wasser. Das erstaunte mich sehr, denn auf Sri Lanka hatten wir nie Wasser gekauft. Es gab auch unglaublich viele verschiedene Apfelsorten, die ich alle gerne probiert hätte. Bisher hatte ich nur dreimal in meinem ganzen Leben ein Stück Apfel gegessen.

Auch das Kochen ist hier viel einfacher, denn für alles gibt es elektrische Geräte. Auf Sri Lanka musste ich mit meinen Geschwistern Holz sammeln gehen. Wenn wir kein Holz hatten, konnte meine Großmutter auch nicht kochen. Außerdem musste sie immer darauf achten, dass unser Essen fertig gekocht war, bevor das Holz abgebrannt war. Wegen des Aufwands wurde nur zu bestimmten Zeiten gekocht; wer dann nicht da war, bekam nichts mehr ab. Hier in Deutschland, wo man sogar einen Kühlschrank hat, in dem so schnell nichts schlecht wird, kann man jederzeit essen. Man kann sogar Eis im Supermarkt kaufen und in den Kühlschrank stellen und man bekommt auch keine Krankheiten davon. Man kann auch Essen per Telefon direkt in die Wohnung bestellen. Wenn man keine Zeit hat einzukaufen, dann lässt man sich eben etwas liefern. Wenn man krank ist, kommt ein Krankenwagen und holt einen ab. Mir erschien dieses Leben unglaublich luxuriös und großartig.

In Deutschland habe ich auch zum ersten Mal anderen Tee als schwarzen Tee getrunken. Es gab so viele Sorten, dass ich manchmal gar nicht wusste, welchen Tee ich trinken sollte: Früchtetee, Kamillentee, Pfefferminztee oder Kräutertee.

Einen Walkman hatte ich auf Sri Lanka natürlich auch nicht gehabt. Aber mein Cousin besaß einen, den ich manchmal mitbenutzen durfte. Es war toll, ein tragbares Musikgerät zu haben. Wenn die Batterien leer waren, konnte ich sie einfach wieder aufladen. Die Vielfalt der Musik faszinierte mich. Ich hörte zum ersten Mal Musik von Michael Jackson. Überhaupt hatte ich keine Ahnung, dass es so viele Musikrichtungen gab. Ich kannte nur indische Musik aus dem Radio und aus Filmen.

Eines Tages flog ein Hubschrauber über unser Haus. Das Geräusch machte mir so große Angst, dass ich mich versteckte und mir die Ohren zuhielt. Meine Tante erklärte mir dann ganz ruhig, dass in Deutschland kein Hubschrauber auf Menschen schießen würde. Trotzdem zitterte ich und mein Herz schlug so laut, dass ich dachte, jeder könnte es hören. Dabei handelte es sich lediglich um einen Rettungshubschrauber, dessen Einsatz das Leben eines Menschen retten sollte. Ich brauchte lange, bis ich mich daran gewöhnt hatte und nicht jedes Mal zusammenzuckte, wenn ich das Geräusch eines Hubschraubers hörte, denn aus Jaffna war ich es gewohnt, damit Gefahr zu verbinden.

Mein Onkel kümmerte sich sehr um mich. Er ging mit mir überall hin und erledigte alle anfallenden Formalitäten. Zunächst besorgte er einen Anwalt und stellte für mich einen Antrag auf Asyl und auf Vormundschaft. Ich habe dann eine befristete Aufenthaltsduldung erhalten, die ablief, noch bevor ich mit der Schule fertig war. Mein

Lehrer, der auch mein Patenonkel geworden ist – und dem ich dieses Buch widme – hat sich sehr für mich eingesetzt, zusammen mit dem gesamten Kollegium, damit ich die Schule zu Ende machen und studieren konnte.

Mein Onkel meldete mich auch an seinem Wohnort in der Gesamtschule Mümmelmannsberg an. Es gab so viele verschiedene Schulen, dass ich mir die Unterschiede gar nicht alle merken konnte: Gymnasien, Realschulen, Hauptschulen, Sonderschulen und eine Gesamtschule.

Dann endlich war es soweit, mein erster Schultag in Deutschland. Ich konnte kein Wort deutsch und mein Onkel hatte mich nur mit einem Bleistift und einem Heft ausgerüstet. Die Schulsekretärin war sehr freundlich und fragte, wie ich hieße. Ich sagte kein Wort, weil ich nicht wusste, was sie meinte. Ich konnte noch nicht mal zwischen »Wie geht es dir?« und »Wie heißt du?« unterscheiden. Dafür schämte ich mich sehr.

Sie brachte mich in eine Vorbereitungsklasse für Kinder, die neu in Deutschland waren. Alle Schüler dieser Klasse waren Ausländer und keiner konnte gut deutsch sprechen, aber ich konnte es überhaupt nicht. Als die Klassentür geöffnet wurde, trat eine sehr sympathische Frau ein. Sie hieß Frau Burmeister und war meine erste Lehrerin in Hamburg. Wir sprachen erst Englisch im Unterricht, aber Tag für Tag brachten sie und ihre Kolleginnen mir immer mehr deutsche Vokabeln bei.

Ich erinnere mich auch noch an den ersten Wandertag mit meiner Vorbereitungsklasse. Wir waren mit Frau Pehlivan, meiner Mathelehrerin, und mit Frau Burmeister unterwegs. Zuerst waren wir bei Frau Pehlivan zu Hause. Sie hatte einen Apfelbaum im Hinterhof, und da ich aus Sri Lanka nur Papaya- oder Mangobäume kannte, fand ich es wunderbar, einen Apfelbaum im Hof zu haben. Sie gingen mit uns auch noch zu einem Erdbeerfeld, wo wir die Erdbeeren selber pflücken durften. In Jaffna war ich auf Zwiebel- und Reisfeldern gewesen, aber noch nie auf einem Erdbeerfeld. Die Früchte waren klein und rot und ich dachte mir, dass sie einfach süß schmecken mussten. Beim Pflücken probierte ich sie dann zum ersten Mal und fand sie richtig lecker. Aus den restlichen Erdbeeren haben wir später Marmelade gekocht.

Auch das Grillen bei Frau Burmeister zu Hause war toll und für mich eine völlig neue Erfahrung. Würstchen hatte ich zuvor weder gegrillt noch gegessen. Zum Nachtisch gab es Wassermelone, aber davon hatte ich auf Sri Lanka genug gehabt. Ich war zum ersten Mal in einem deutschen Haushalt und man konnte ihrer Wohnung ebenso die deutsche Kultur ansehen, wie man der Wohnung meines Onkels die sri-lankische ansah.

Während dieser Zeit war meine Familie immer noch im Kriegsgebiet. Seitdem meine Mutter nach Puthur zurückkehrt war, hatten wir nur noch sehr wenig Kontakt. Meine Briefe erreichten sie immer erst zwei Monate, nachdem ich sie abgeschickt hatte, und umgekehrt genauso. Es war zwar schön, wenn ich aus ihren Briefen erfahren konnte, wie es ihnen vor einem Monat ging, aber ich wusste nie, wie es ihnen in dem Augenblick ging, in dem ich an sie dachte. Einmal schrieben sie, dass sie, wie schon so oft, das Haus in Puthur hatten verlassen und vor den Soldaten fliehen müssen. Danach bekam ich monatelang überhaupt keine Post mehr, und mit ihnen telefonieren konnte ich ja sowieso nicht. Die Ungewissheit war schrecklich und ich betete zu den Göttern, dass ihnen nichts Schlimmes passiert war.

Nach langer Zeit bekam ich endlich wieder Post aus Sri Lanka. Meine Freude und Erleichterung waren groß.

Es machte mich glücklich, den Umschlag zu berühren, denn ich wusste genau, dass derselbe Umschlag von meiner Familie berührt worden war. Kurz bevor ich den Brief öffnen wollte, bekam ich jedoch furchtbare Angst, dass vielleicht doch etwas Schlimmes passiert war. Vielleicht war es die schreckliche Nachricht, dass einer meiner Liebsten gestorben war. Plötzlich wollte ich den Brief gar nicht mehr lesen. Was sollte ich tun, wenn mein Vater tot war, was, wenn meine Mutter gestorben war oder meine Geschwister? Das Einzige, was ich sicher wissen konnte, war, dass Vater noch lebte, als der Brief abgeschickt wurde, denn ich konnte seine Schrift auf dem Umschlag erkennen.

Meine Neugier siegte schließlich über meine Angst. Schnell überflog ich den Anfang des Briefes. Der erste Satz war entscheidend. Wenn mein Vater mir einen Brief schrieb, fing er meist mit folgenden Worten an: »Liebster Sohn, uns geht es Dank Gottes Hilfe gut.« Erleichtert stellte ich fest, dass der Satz auch in diesem Brief stand. Langsam beruhigte ich mich, holte tief Luft und begann zu lesen. Meine Familie hatte Puthur verlassen und lebte zur Zeit bei einem Onkel in Thunukkai. Für Vater war die Situation sehr belastend, da er ja irgendwie für die Familie sorgen musste. Meine Großeltern waren, wie üblich, zu Hause in Puthur geblieben. Das war mir klar, schließlich sagte Großvater immer, dass es sein Grund und Boden sei und er vor niemanden flüchten würde. Großmutter blieb bei ihm, weil sie Essen für ihn zubereiten musste, aber auch, weil sie ihn nicht alleine lassen wollte. Die beiden blieben ganz allein zurück und hatten niemanden, der sich um sie kümmerte. Es war ungewiss, ob meine Eltern sie jemals wiedersehen würden.

Monatelang waren meine Eltern und Geschwister weg von zu Hause, auch sie konnten nicht wissen, wie es unseren Großeltern ging. Ich hatte Schuldgefühle, da sie ihr ganzes Geld für meine Flucht ausgegeben hatten. Jetzt war ich sicher in Deutschland angekommen, aber nicht in der Lage, ihnen zu helfen. Nachdem in Puthur wieder einigermaßen Ruhe einkehrt war, konnten meine Eltern nach Hause zurückkehren. Bei ihrer Ankunft waren meine Großeltern jedoch nicht mehr in ihrem Haus. Meine Eltern erfuhren, dass Soldaten meinen Großvater mitgenommen und zusammen mit anderen Männern in einer Schule eingesperrt hatten und dass irgendwann alle, die sich in dieser Schule befanden, krank geworden waren. Da die Soldaten sich nicht darum kümmerten, waren die Männer alle gestorben. Niemand wusste, ob sie verhungert oder verdurstet waren, man hatte sie lediglich tot aufgefunden. Hätten die Soldaten Großvater nicht mitgenommen, wäre er wohl noch am Leben. Ich fragte mich, warum die Regierungstruppen so etwas getan hatten.

Meine geliebte Großmutter, die sich immer so liebevoll um mich gekümmert hatte, hatte man tot in ihrem Haus gefunden. Die Nachbarn hatten ihren Leichnam in der Zwischenzeit im Hinterhof verbrannt. Es waren nur ältere Menschen in unserem Dorf zurückgeblieben, alle anderen waren geflohen und hatten versucht ihr Leben zu retten, so wie meine Eltern und Geschwister. Niemand kümmerte sich um meine Großeltern und als sie starben, war niemand aus der Familie bei ihnen. Sie hatten sich ihr ganzes Leben für ihre Familie aufgeopfert und doch waren sie in ihren letzten Stunden ganz allein. Der Gedanke, meine geliebte Großmutter nie mehr wiederzusehen, machte mir sehr zu schaffen. Ich empfand eine ohnmächtige Wut über die Ungerechtigkeit des Schicksals, dass eine so gütige Frau ein so erbärmliches Ende gefunden hatte.

Bis heute habe ich keine Gewissheit darüber, wie Großmutter starb. Vielleicht ist sie krank geworden oder irgendwann einfach verhungert, denn es war nicht mehr möglich, etwas einzukaufen. Alle Läden waren zerstört worden. Auch Wasser hatte man nicht mehr vom Nachbarn holen können, da man Gefahr lief, unter- wegs erschossen zu werden. Welche Ängste hatte sie wohl vor ihrem Tod ausgestanden? Wenn ich daran dachte, wurde ich unglaublich wütend auf die Regierung und auf den Krieg. Niemanden scheint es wirklich zu interessieren, dass Tag für Tag Menschen ermordet werden.

Zu der Zeit, als meine Großeltern auf Sri Lanka starben, ging mein Leben als Flüchtling in Deutschland weiter. Ein halbes Jahr nach meiner Einschulung wechselte ich von der Vorbereitungsklasse in die siebte Klasse. Ich war so aufgeregt, als Frau Burmeister die Tür öffnete und die ganze Klasse mich anstarrte. Mein Gesicht glühte vor Aufregung, aber dank meiner dunklen Hautfarbe konnte es keiner sehen. Ich bekam zwei nette Lehrerinnen, Frau Thiede und Frau von Wangenheim. Ich weiß noch genau, wie sie mit mir sprachen. Sie nahmen sich immer sehr viel Zeit und ich konnte an ihren Lippen ablesen, was sie mir sagen wollten, so langsam waren ihre Mundbewegungen.

An meinem ersten Schultag saßen wir schon in der Klasse, als die Lehrerin herein kam. Ich wollte aufstehen und »Guten Morgen« sagen, aber die anderen Schüler standen nicht auf, was mich sehr wunderte. In meiner alten Schule war es üblich gewesen aufzustehen, wenn der Lehrer in die Klasse kam. In der Vorbereitungsklasse waren wir zwar auch nicht aufgestanden, aber da war die

Lehrerin auch immer bereits im Raum, wenn wir kamen. Jetzt, in der »richtigen« Schulklasse, kam es mir erst mal komisch vor, nicht aufzustehen. Auch dass ich keine Schläge bekam, wenn ich mal etwas falsch machte, war ungewohnt, wenn auch – verständlicherweise – sehr angenehm. An die vielen neuen Regeln musste ich mich erst gewöhnen. Meine Klassenkameraden waren alle sehr nett, aber die meiste Zeit verbrachte ich mit Fatih, Sedat und Patrick, die meine besten Freunde wurden. Auch wenn wir mit der Klasse einen Ausflug machten, war ich immer mit ihnen zusammen.

Langsam begann ich deutsch zu sprechen, aber lesen konnte ich immer noch nicht besonders gut. Jedes Mal, wenn ich etwas vorlesen sollte, bekam ich Herzklopfen und einen heißen Kopf. War mein Nachbar an der Reihe, hoffte und betete ich, dass die Lehrerin als nächstes jemand anderen drannehmen würde. Das klappte natürlich nicht immer, aber andererseits konnte ich auch nur so besser werden. Einmal sollte ich die Tafel putzen. Ich sagte: »Das Wasser ist nass, ich putze die Tafel nicht.« Alle lachten und ich verstand nicht warum. Später stellte ich fest, dass Wasser immer nass ist und ich eigentlich sagen wollte, dass das Wasser schmutzig war. Beim Kochunterricht sagte Frau von Wangenheim, dass ich eine Schüssel mitbringen solle; ich brachte ihr den Schlüssel mit. So gab es viele Missverständnisse, die aber im Laufe der Zeit abnahmen.

In der Schule war ich fleißig, hatte Spaß am Lernen und kam mit all meinen Klassenkameraden gut aus. In der achten Klasse wurde ich zum Klassensprecher gewählt. In der neunten Klasse wurde ich sogar Schulsprecher. Ich nahm meine Aufgabe sehr ernst und engagierte mich für zahlreiche politische Belange und alle möglichen schulischen Aktivitäten. Dadurch wurde ich später auch Mitglied in der Landesschülervertretung.

Meine erste Rede in der Schule war ein echtes Erlebnis. Ich war unglaublich aufgeregt und konnte kaum glauben, dass ich eine Rede für die Schulabgänger halten durfte. Meine Freude war riesengroß, dass ausgerechnet ich als Ausländer diese Rede halten sollte! Aber dann merkte ich, dass es in dieser Schule keinen Unterschied machte, ob jemand Ausländer oder Deutscher war. Es ging nicht um die Nationalität des Einzelnen, sondern um seine Leistung.

In der Nacht vorher konnte ich nicht schlafen und stellte mir immer wieder vor, wie ich meine Rede halten würde. Ich stand sogar öfters auf, um Sätze hinzuzufügen, und änderte die Rede jedes Mal, wenn mir etwas Neues einfiel.

Endlich war es so weit. Ich stand früher als gewöhnlich auf und war als Erster in der Schule, um meine Rede noch einmal in aller Ruhe durchgehen zu können. Nach und nach kamen die ersten Schüler, und die Mensa, in der die Veranstaltung stattfinden sollte, begann sich zu füllen. Mein Schulleiter begrüßte die Gäste mit ein paar einleitenden Worten. Ich verstand nicht alles, was er sagte, und wurde dadurch sehr unruhig. Meine Hände zitterten und ich erschrak, als er sagte, dass ich jetzt dran sei. Ich stand auf und mir war total schlecht. Dann hielt ich meine Rede. Ich bekam viel Applaus dafür und freute mich, dass alles vorbei war. Anschließend kamen einige Lehrer zu mir und sagten, dass ich bei meiner Rede einige Sätze falsch formuliert hätte. Zuerst ärgerte ich mich, da ich dachte, sie wollten mich kritisieren. Aber es war nur nett gemeint, denn sie wollten mir lediglich Tipps geben, damit ich es beim nächsten Mal besser machen konnte. Von da an ließ ich meine Reden jedes Mal vorher von einem Lehrer korrigieren. In meiner letzten Rede, mit der ich mich bei der Schulsenatorin für ihre Arbeit bedanken sollte, machte ich überhaupt keinen Fehler mehr.

Asyl

Ich erinnere mich noch genau an den Tag, ich war damals in der neunten Klasse, als ich einen Brief vom Hamburger Landgericht bekam. Ich hatte unglaubliche Angst, aber auch ein wenig Hoffnung, dass mein Asylantrag anerkannt würde, als ich den Brief öffnete. Zögerlich fing ich an zu lesen und erschrak, als dort etwas von Ablehnung stand. Meine Hände zitterten und in meinem Kopf begann sich alles zu drehen. Ich befürchtete, auf der Stelle ohnmächtig zu werden. Mir fehlte die Kraft, den Brief noch einmal genau durchzulesen, und ich musste mich erst mal aufs Sofa setzen. Meine Tante kam sofort und fragte, was denn in dem Brief stehe. Sie hätte es mir eigentlich schon ansehen müssen, aber ich öffnete den Brief noch einmal und las ihr vor, dass ich Deutschland innerhalb von 30 Tagen verlassen müsse. Ich konnte nicht glauben, dass meine Zukunft zerstört werden sollte. Ich wollte nicht wieder nach Sri Lanka zurück und all die schrecklichen Dinge aus meiner Kindheit noch einmal erleben. Allein die Vorstellung war unerträglich.

Hinzu kamen auch noch die Schwierigkeiten, die ich zu der Zeit mit meinem Onkel hatte. Im Vergleich zu meiner Abschiebung waren das natürlich Kleinigkeiten, aber trotzdem waren sie für mich wichtig. Es gab zwischen uns ständig Streit, da ich abends gerne länger ausgehen wollte. Ich war der Einzige, der immer schon um 18 Uhr zu Hause sein musste, obwohl ich bereits 17 war. Meine Freunde blieben oft bis 22 Uhr weg. Mein Onkel ist jedoch auf Sri Lanka groß geworden und lebt auch in

Deutschland noch nach tamilischer Tradition. Deswegen gerieten wir immer öfter aneinander. Mein Onkel fand es auch nicht gut, dass ich keine Sri-Lanker in meinem Alter kannte. Meine Freunde waren ganz unterschiedlicher Herkunft, darunter auch viele Deutsche. Für mich spielte ihre Nationalität keine Rolle, aber mein Onkel und meine Tante bemängelten ständig, dass ich keine sri-lankischen Freunde hatte. Ich empfand ihre Kritik als zutiefst ungerecht, schließlich gab es in meinem Umfeld kaum Sri-Lanker, mit denen ich mich hätte anfreunden können.

Diese ganzen Schwierigkeiten mit den Behörden und meiner Familie belasteten mich irgendwann so sehr, dass ich es eines Tages nicht länger in der Wohnung aushielt und hinauf in den elften Stock lief. Dort gab es im Treppenhaus einen Balkon, den man betreten konnte. Ich war wütend und traurig zugleich und wollte über mein Leben nachdenken. Als ich auf dem Balkon stand, fühlte ich mich allein und schrecklich einsam. Ich sah hinunter und beobachtete das Leben auf den Straßen: Mütter, die mit ihren Kindern auf den Spielplatz gingen, Menschen, die mit schweren Tüten vom Einkaufen kamen und Autos, die scheinbar ziellos die Straße entlang fuhren. Es war ein Sommertag und draußen war enorm viel los. Obwohl ich sehr weit von den Menschen entfernt war, konnte ich erkennen, dass sie lächelten, wahrscheinlich, weil die Sonne schien. Ich aber konnte keine Freude empfinden, nicht mal Mr. Bean hätte mich in diesem Moment zum Lachen bringen können. Alles schien so ausweglos. Plötzlich spürte ich einen salzigen Geschmack auf meinen Lippen und merkte erstaunt, dass mir Tränen über die Wangen liefen. Ich weinte lange Zeit und konnte einfach nicht aufhören. Irgendwann merkte ich, wie meine ganze Wut langsam in mir aufstieg. Ich dachte über mein Leben nach, und fragte mich, ob es überhaupt noch einen Sinn hatte.

Um mich abzureagieren, spuckte ich hinunter und zählte die Sekunden, bis die Spucke unten auf dem Boden auftraf. Wenn es ein Mensch gewesen wäre, hätte ich nicht so lange warten müssen, bis er unten aufschlagen würde. Meine Gedanken drehten sich im Kreis, bis ich irgendwann auf die Idee kam zu springen. Aber ich hatte Angst und Hemmungen, den letzten Schritt zu tun. Ich konnte keinen klaren Gedanken fassen und hatte das Gefühl, mich auf einer Sinuskurve zu befinden. Jedes Mal, wenn ich den Hochpunkt der Kurve erreichte, war ich so deprimiert, dass ich bereit war zu springen. Aber dieser Zustand dauerte immer nur einen kurzen Augenblick, dann erreichte ich wieder den Tiefpunkt und der Mut verließ mich.

Es war meine Mutter, die mich letztlich davon abhielt. In dem Moment, als ich an meine wunderbare Mutter dachte, wollte ich unbedingt weiterleben. Ich dachte nur noch an sie. Sie hatte alles dafür getan, mich vor dem Krieg zu beschützen und zu verhindern, dass ich mein Leben verlor. Mutter hatte gegen alle Widerstände gekämpft, um mir die Chance zu geben, in Sicherheit zu leben. Damit hatte sie mir quasi ein neues Leben geschenkt und ich hatte nicht das Recht, es jetzt einfach wegzuwerfen. Das gab für mich den Ausschlag, und ich dachte nicht mehr daran zu springen. Stattdessen dachte ich voller Stolz an meine Mutter. Ich fühlte eine tiefe Dankbarkeit für alles, was sie für mich getan hatte. Es hätte Mutter das Herz gebrochen, wenn ich gesprungen wäre. Das konnte ich ihr nicht antun. Also ging ich wieder in die Wohnung zurück und rief meinen Anwalt an, um Widerspruch gegen das Urteil einzulegen.

Mein Klassenlehrer in der Oberstufe hat mir bei diesem Verfahren sehr geholfen. Er war der beste und toleranteste Mensch, den ich je kennen lernen durfte. Ihm habe ich es zu verdanken, dass ich überhaupt noch in Deutschland bin. Auf seine Initiative hat meine Schule eine Petitionsduldung beantragt, die alle Lehrer und viele Eltern unterschrieben haben. Dann hat ein Ausschuss des Hamburger Senats darüber beraten, ob sie diesem Antrag stattgeben. Es gab eine Zeit, da wusste jeder Hamburger Abgeordnete, wer Umeswaran Arunagirinathan ist. Lorenz Köhler, mein Lehrer, der später auch mein Patenonkel wurde, und ich haben ganz schön für Wirbel gesorgt.

Die Auseinandersetzungen mit den Behörden und die Angst, Deutschland verlassen zu müssen, machten mir aber weiterhin schwer zu schaffen, deshalb schrieb ich in der Schülerzeitung »kaz« einen Artikel über meine Sorgen und Probleme:

Mein Leben ist ein Gefängnis

Ich bin kein Krimineller und ich bin auch keiner, der Scheiße baut. Ich bin ein Mensch, der in Hamburg lebt, sich dort wohlfühlt und der sich für andere einsetzt. Ich heiße Umes und bin 20 Jahre alt. Ich bin ein Tamile aus dem Norden Sri Lankas. Dort herrscht seit ca. 15 Jahren Bürgerkrieg. Seit 7 Jahren lebe ich nun in Hamburg und wohne bei meinem Onkel in Mümmelmannsberg. Dort gehe ich auf die Gesamtschule in die 12. Klasse. Als Schulsprecher setze ich mich für die Rechte der Schüler ein. In Hamburg habe ich einen Asylantrag gestellt, welcher im September vergangenen Jahres vom Oberlandesgericht abgelehnt wurde. Ich sollte Deutschland sofort verlassen, aber meine Schule hat sich für mich eingesetzt – ich darf in Hamburg noch mein Abitur zu Ende machen. Dann aber muss ich raus. Bis dahin werde ich »geduldet«. Das bedeutet für mich, dass ich nicht arbeiten und Hamburg auch nicht ohne die Erlaubnis der Behörde verlassen darf. Ich möchte so gerne in Deutschland bleiben und Medizin studieren, aber die Behörden machen mir überall die Türen zu. Bin ich ein Mensch zweiter Klasse? Ich weiß nicht, in welchem Jahrhundert ich lebe, denn ich möchte mich frei bewegen können, ich möchte arbeiten dürfen, ich möchte Mensch sein. Meine Eltern und Geschwister leben im Kriegsgebiet auf Sri Lanka und sind in großer Gefahr. Telefonieren kann ich nicht mit ihnen und Briefe dauern Monate. Ich habe meine Familie seit über 8 Jahren nicht gesehen. Die Frage ist, wann und ob ich sie je wieder sehe. Alles ist bei mir fraglich. In mir tickt eine »innere Uhr« und sagt ständig, dass ich nur noch wenige Monate habe, bis der Zeitpunkt gekommen ist – bis ich wieder zurück muss. Kann die Uhr nicht langsamer laufen? Ich möchte noch länger in Hamburg bleiben. Als ich auf Sri Lanka war, hatte ich viele Freunde und als ich Sri Lanka verlassen habe, habe ich gleichzeitig auch meine Freunde verlassen. Am Anfang hatte ich in Hamburg fast keine Freunde; jetzt habe ich viele, die ich, wenn ich zurück muss, wirklich vermissen werde. Ich bin doch keine Maschine, die ständig Orte wechseln kann – und Freunde. Ich bin auch ein Mensch und ich habe auch Gefühle. Ich möchte in Deutschland bleiben, Medizin studieren und später als Arzt den Menschen in der Dritten Welt helfen. Ich möchte mich für Frieden in der Welt engagieren. Das alles kann ich nur von Deutschland aus tun, denn hier bin ich zu Hause und sicher. Meine Träume können nur dann wahr werden, wenn die Behörden die Türen öffnen. Die Gesetze sagen, ich müsse raus. Aber die

Gesetze sind nicht von Gott geschrieben, sondern von Menschen. Ich habe noch Hoffnung, aber die Frage ist, wie lange noch? Auf Sri Lanka herrscht immer noch Krieg, aber kein Mensch weiß Genaues darüber. Mein Volk, die Tamilen, werden mit falschen Begründungen eingesperrt und getötet. Im Gefängnis werden sie wie Tiere behandelt. Was soll ich noch auf Sri Lanka machen. Sicherheit gibt es für mich auf Sri Lanka nicht. Gibt es denn in Deutschland keinen Platz für mich?

Umes Arunagirinathan

Neben diesen Belastungen stand nun auch noch mein Abitur an. Nachdem ich alle schriftlichen Prüfungen hinter mich gebracht hatte, sollte ich noch mündlich in Deutsch geprüft werden, in dem Fach, mit dem ich immer noch die größten Schwierigkeiten hatte. Ich hatte noch nie eine Eins bekommen, sondern meistens eine Drei. Am Anfang war ich sogar froh, wenn ich eine Vier hatte. Ich verbesserte mich zwar, aber eine Eins erreichte ich nie, das schien mir unmöglich.

Kurz vor der Prüfung saß ich allein in einem Raum und wartete aufgeregt, bis die Aufgaben ausgeteilt wurden. Das Thema hieß »Ausländer in Deutschland«. Darüber konnte ich natürlich viel erzählen. Ich machte mir Notizen, hatte aber Schwierigkeiten, alles ohne grammatikalische Fehler aufzuschreiben. Mit den bestimmten Artikeln hatte ich immer Probleme, denn schließlich gibt es dafür keine verständlichen Regeln. Warum heißt es zum Beispiel »das Auto«, aber »der Wagen«? – Dann baten mich die Lehrer, in den Prüfungsraum zu kommen. Ich stand auf. Plötzlich verkrampfte sich mein Magen und ich wollte nur noch, dass alles schnell vorbei war. Drei Lehrer prüften mich und stellten Fragen. Ich versuchte, möglichst keine bestimmten Artikel zu benutzen. Nach dreißig Minuten war die Prüfung vorbei, sie schickten mich nach draußen und ich musste noch fünf Minuten auf das Ergebnis warten. Als sie mir die Note mitteilten, konnte ich es nicht glauben. Aber als sie dann wiederholten, dass sie mir eine Eins gegeben hätten, sprang ich vor Freude in die Luft und umarmte die Lehrer. Ich hatte geschafft, was ich mir nicht mal im Traum hätte vorstellen können. Eine Eins in Deutsch für jemanden, der noch acht Jahre zuvor bei seiner Ankunft in Hamburg kein einziges Wort Deutsch sprechen konnte. Unfassbar!

Als ich dann im Juni mit meinem Abiturzeugnis die Schule verließ, flossen viele Tränen. Ich war immer gerne zur Schule gegangen, denn keiner machte einen Unterschied zwischen den deutschen Schülern und mir. In der Schule gaben mir viele Menschen die Liebe, die ich zu Hause bei meinem Onkel nicht bekam.

Als ich mich später um einen Studienplatz bewerben wollte, habe ich im deutschen Konsulat in Kopenhagen einen Antrag auf Aufenthaltsbewilligung gestellt (das ist eine Stufe unter einer Aufenthaltsgenehmigung). Der Antrag fürs Studium musste aus irgendwelchen Gründen im Ausland gestellt werden. Der Hamburger Senat hat mir geholfen, ein auf einen Monat befristetes Visum für Dänemark zu bekommen. Mein Patenonkel hat eine Bürgschaft für mich übernommen, damit ich dem Staat nicht zur Last falle. Er verpflichtete sich auch, alle Kosten für mich zu übernehmen, die mein leiblicher Onkel nicht zahlen konnte. Als ich dann endlich die Aufenthaltsbewilligung für mein Studium erhielt, war ich der glücklichste Mensch auf der Welt. Ich konnte mein Glück gar nicht fassen. Ich durfte an die Ostsee fahren, wann ich wollte, und brauchte keine Genehmigung von irgendeiner Behörde dafür. Ich durfte arbeiten, wo und als was ich wollte. Ich brauchte nicht mehr für wenig Geld als Reinigungskraft oder Tellerwäscher arbeiten, wie ich es bisher in den Ferien gemacht hatte, um meinen Onkel finanziell etwas zu entlasten. Ich konnte ohne Erlaubnis meinen Freund besuchen, den ich damals, als ich mit der Schule an der Ostsee war, kennen gelernt habe. Ich habe den Bruder meines Vaters in Süddeutschland besucht. Ich konnte nach Berlin fahren, wenn meine Freunde zur Love-Parade wollten. Endlich war ich frei. »Jetzt ist Deutschland auch offiziell mein Zuhause«, dachte ich. »Ich bin integriert, ich habe meine Rechte. Die Deutsche Bank wird mir jetzt bestimmt ein Konto eröffnen. Ich werde voller Stolz da hingehen, wo sie mir kein Konto aufmachen wollten.« Ich dachte an die Menschen, die dafür gesorgt haben, dass ich hier bleiben konnte. Ich wusste nicht, wie ich mich bedanken sollte, bei allen, und besonders bei Lorenz Köhler.

Der Tod meines Patenonkels

An einem Freitag im Januar stand ich auf dem Kirchenfriedhof Neuengamme, mit eiskalten Füßen, Händen und Ohrläppchen. Die Sonne schien den ganzen Tag, trotzdem war es sehr kalt, so kalt, dass alle Seen in der Ortschaft zugefroren waren. Die Kälte kam nicht nur von außen; sie war auch in mir. Traurig stand ich vor dem Grab meines Patenonkels, eiskalten Sand in der Hand. Jetzt mußte ich Abschied nehmen. Bevor ich den Sand in die Grube warf, betrachtete ich ein letztes Mal den Sarg. »Da liegt er nun«, dachte ich, »in dieser Kiste, über und über mit Blumen bedeckt, Symbolen des Lebens, doch er ist tot.«

Ich schloss für einen Moment die Augen und sah Lorenz vor mir, wie ich ihn gekannt hatte. Er lächelte; sein ganzes Gesicht strahlte von Fröhlichkeit. Er war ein sehr fröhlicher Mensch gewesen, sein Lächeln ist mir unvergesslich. Wenn er sprach, konnte ich die Bedeutung seiner Wörter immer ganz deutlich an seinem Gesicht ablesen, selbst wenn ich, gerade am Anfang, als ich noch neu in Deutschland war, nicht immer alles verstand.

Alle nahmen von ihm Abschied, seine Frau Alex, seine Kinder Lena und Paul sowie Verwandte und Freunde. Es waren viele Leute zur Beerdigung gekommen; Lorenz war bei allen sehr beliebt gewesen. Ich hatte immer wieder Phasen, in denen die Trauer so groß war, dass mir die Tränen fehlten, in denen ich nicht einmal weinen konnte und in denen der irrationale Wunsch in mir aufkam, es wäre alles nur ein böser Traum.

Auf der Fahrt zu dem Café, in dem sich die Trauergemeinde anschließend traf, herrschte absolute Stille im Auto, Totenstille. Ich fuhr mit Alex und ihren Kindern, und jeder von uns nahm in Gedanken noch einmal Abschied von Lorenz. Mit dem Blick nach draußen in die Kälte, während die gefrorene Landschaft an mir vorbeizog, wanderten meine Gedanken zurück zu der ersten Begegnung mit Lorenz Köhler, dem Menschen, der zu meinem deutschen Vater wurde.

Ich war in der neunten Klasse, als wir für die Projektwoche einen Betreuer namens Lorenz Köhler-Vähling bekamen. Er war mir sofort vertraut. Warum auch immer, irgendetwas an diesem Mann kam mir bekannt vor und flößte mir Vertrauen ein. Ich mochte diesen Lehrer. Vielleicht hatte es damit zu tun, dass er beim Reden seinen ganzen Körper einsetzte. Ich war damals noch nicht lange in Deutschland und mit der Sprache nicht besonders gut vertraut. Er bemerkte meine Schwierigkeiten und gab sich große Mühe, mir zu helfen. Er sprach langsam und deutlich, wiederholte alles so lange, bis er sicher war, dass ich es verstanden hatte. Er redete mit Händen und Füßen, und er nahm mich ernst. Durch ihn hat mir diese Projektwoche einfach riesigen Spaß gemacht.

Am Ende der zehnten Klasse hatten wir die Möglichkeit, für die Oberstufe einen Klassenlehrer auszuwählen. Die Sympathie, die zwischen Lorenz Köhler und mir in der Projektwoche entstanden war, bestand weiter und hatte sich noch vertieft, auch wenn ich ihn nicht im Unterricht hatte. Aber wir sprachen öfter miteinander, wenn wir uns auf dem Schulgelände begegneten. Ich wollte ihn sehr gerne als Klassenlehrer haben, also fragte ich einige Mitschüler, die ihn auch mochten, und stellte eine Klasse für ihn zusammen. Lorenz Köhler freute sich über unser

Vertrauen und erklärte sich sofort bereit, sich als Tutor zur Verfügung zu stellen.

Seine Tür war immer offen für mich. Wenn ich mal eine Stunde frei hatte, ging ich in sein Büro und wir sprachen miteinander. Er berichtete von sich und seiner Familie, während ich von meinen Eltern auf Sri Lanka erzählte. Er war sehr an meiner Geschichte interessiert. Immer wieder korrigierte er Fehler in meiner Aussprache, und ich war ihm dankbar dafür, denn es half mir sehr, jemanden zu haben, der sich so viel Zeit für mich nahm und dem so viel daran gelegen war, dass ich mich integrieren konnte.

Als Klassenlehrer kümmerte er sich auch um meinen Aufenthaltsstatus in Deutschland. Ich hatte in der Oberstufe eine sehr schwere Zeit: Die Ausländerbehörde wollte mich abschieben und ich hatte große Angst, wieder zurück in den Krieg zu müssen. Lorenz nahm großen Anteil an meinem Leben und an meinen Problemen. Zwischen uns war eine freundschaftliche Beziehung entstanden, die über ein normales Lehrer-Schüler-Verhältnis hinausging. Lorenz hatte zu Anfang kaum eine Ahnung von den Ausländergesetzen in Deutschland, aber er informierte sich, telefonierte mit sämtlichen Behörden, mobilisierte die Elternschaft und den Vorstand der Schule und übernahm schließlich sogar eine persönliche Bürgschaft für mich. Damit war er, zumindest finanziell, für mich verantwortlich. Ich konnte in Ruhe mein Abitur machen und danach mein Studium anfangen.

Lorenz war da, als ich jemanden brauchte, der sich um mich kümmerte, der die Rolle eines Vaters übernahm und mir beistand. Ich bin ihm für mein jetziges Leben dankbar; dankbar, dass ich überhaupt noch in meiner neuen Heimat leben darf, dankbar dafür, dass ich Medizin studieren kann, denn ich war am Ende meiner Kräfte, als ich meine ärztliche Vorprüfung beim zweiten Mal immer noch nicht geschafft hatte, weil ich immer, während meine Kommilitonen fleißig zu Hause saßen und lernten, in der Uniklinik in Lübeck als Extrawache arbeitete. Ich hatte keine Wahl, ich musste arbeiten, um Geld zu verdienen, denn ohne Geld wusste ich nicht, wie ich meine Miete bezahlen sollte. Darüber hinaus muss ich auch noch jeden Monat Geld für die Miete meiner Eltern auf Sri Lanka überweisen. Sie wohnen mittlerweile in einem Mietshaus in Colombo, in Puthur ist es für sie einfach zu gefährlich geworden. Sie sind auf meine Hilfe angewiesen, und ich helfe ihnen gerne, schließlich haben sie so viel für mich getan. Aber es ist nicht leicht.

Gut zwei Monate vor meinem dritten und letzten Versuch zur ärztlichen Vorprüfung rief Lorenz mich in Lübeck an und fragte, ob ich immer noch dieselbe Kontonummer habe. In mir mischte sich Freude mit Schuldgefühlen, da ich dringend Geld brauchte, aber von ihm nur ungern etwas annehmen wollte. Daher fragte ich ihn, wofür er meine Kontonummer brauchte. »Ich habe in der Schule Geld für dich gesammelt, es sind knapp fünfhundert Euro«, sagte er. Lorenz hatte schon oft für mich Geld von seinen Kollegen der Gesamtschule Mümmelmannsberg gesammelt, um meinen Anwalt zu bezahlen oder damit ich zu Beginn meines Studium Bücher kaufen konnte. Diesmal konnte ich mit dem Geld drei Monate meine Miete zahlen und musste zwei Monate nicht arbeiten gehen, da das Geld, das ich in letzter Zeit auf Station 19 verdient hatte, erstmal zum Leben reichte. So hatte ich endlich Zeit zu lernen und schließlich bestand ich die Prüfung. Ich war so glücklich und dankbar, dass Lorenz mir genau das gegeben hatte, was ich in den Wochen vor der Prüfung brauchte: Zeit. Als ich ihn anrief und ihm erzählte, dass ich bestanden hatte, war er gar nicht überrascht und sagte nur: »Ich habe auch nichts anderes von dir erwartet, Umes.« Ab diesem Zeitpunkt war er für mich ein Mitglied meiner Familie. An seinem Geburtstag lud er mich zu sich nach Hause ein und ich lernte seine Familie kennen. Sie nahmen mich sehr herzlich bei sich auf und ich war seitdem ein regelmäßiger Gast. Wenn Lorenz mit seiner Band einen Auftritt hatte, lud er mich oft ein, ihn spielen zu sehen. Die Musik war ein sehr wichtiger Teil seines Lebens und ich freute mich, dass er mich daran teilhaben ließ.

In der Oberstufe fuhren wir mit unserer Klasse einmal zum Skifahren in den Harz. Lorenz liebte die Berge und fuhr mit seiner Familie jedes Jahr zum Skifahren. Unterwegs erzählte er mir von seinen Geschwistern und seiner übrigen Familie, er erzählte, wo er mit ihnen überall schon gewesen war und welchen Spaß er gehabt hatte. Es machte Spaß, ihm zuzuhören. Es war klar, dass er in diesem Moment, mit uns in den Bergen, sehr glücklich war.

Wir erreichten das Café, vor dem die anderen Trauergäste schon auf uns warteten, um uns an einem der traurigsten Tage unseres Lebens Beistand zu leisten. Ich kannte viele der Gäste von der Schule, aber heute hielt ich Distanz zu ihnen. Ich mochte mit niemandem sprechen; ich wollte diesen Tag ganz Lorenz widmen und meine Gedanken nur ihm schenken.

Ich saß mit am Tisch der Familie und lernte zum ersten Mal Lorenz' Geschwister kennen, seinen Neffen und all die Menschen, die Lorenz liebten und von ihm geliebt wurden. Das war der schönste Moment an diesem Tag der Trauer. Irgendwann ging ich nach draußen, um durchzuatmen und einen Moment allein zu sein. So schön die Begegnung im Café drinnen, so schön war auch die Natur hier draußen. Vor dem Café floss ein Fluss vorbei, auf dem Eisschollen schwammen. Die Vögel setzten sich darauf und ließen sich treiben. Alles war in Bewegung und im Einklang miteinander.

Es ist keine drei Jahre her, dass ich von Lorenz erfuhr, dass er einen Tumor in der Niere hatte. Er versuchte, es möglichst beiläufig zu erzählen und so zu tun, als ob das nichts Schlimmes wäre. Er hatte ein Nierenzellkarzinom, eine sehr aggressive Tumorart, bei der die Überlebenschance sehr gering ist. Er musste operiert werden, und zunächst wollten sie ihm nur einen Teil der Niere entfernen, aber dann mussten sie sie doch ganz herausnehmen; der Tumor war einfach schon zu groß. »Die Krankheiten mit der Niere verfolgen mein Leben«, dachte ich, schließlich war schon meine ältere Schwester an den Folgen ihrer Nierenerkrankung gestorben.

Als ich Lorenz das erste Mal auf der Intensivstation im Krankenhaus in Hamburg sah, war ich geschockt. Mir wurde schwarz vor Augen und ich bekam Angst, als ich ihn so geschwächt und angeschlagen dort im Bett liegen sah. Ich besuchte ihn oft und brachte immer möglichst viele Klassenkameraden mit, um ihm eine Freude zu machen und ihm zu zeigen, dass er nicht allein war. Immer wieder hörte ich von ihm, dass er Termine für eine Chemo- oder eine Strahlentherapie hatte. Die Befunde der Kontrolluntersuchungen nach seiner Therapie waren zunächst alle negativ, aber dann kam die Nachricht, dass noch weitere Organe befallen waren. Ich hörte Begriffe wie Metastasen und – Endstadium. Ich besuchte ihn im Krankenhaus, so oft ich konnte. Ich habe noch das Bild im Kopf, wie es war, als er schließlich nicht mehr alleine gehen konnte. Er hatte zu viel Gewicht verloren. Sein

Anblick schockierte mich sehr, aber ich konnte nicht mit ihm darüber sprechen. Lorenz versuchte, alles Böse, das ihm geschah, zu verdrängen. Er wollte leben, wollte alt werden, er wollte sich nicht von seinem Leben trennen. Bis zum Schluss hatte er die Hoffnung, dass er den Krebs würde besiegen können. Wenn ich ihn besuchte, sprachen wir nur noch über mich und überhaupt nicht über seine Krankheit; er wollte es so.

Jedes Jahr an Weihnachten hatte ich Nachtdienst als Extrawache; ich war auf Station 19 für acht Nächte eingeteilt. Lorenz hatte sich immer gewünscht, dass ich mit seiner Familie Weihnachten feierte. Aber für den 24. Dezember 2005 konnte ich keine Vertretung finden; alle Studenten waren zu Hause, um mit ihren Familien zu feiern. So konnte ich nur wenige Stunden mit Lorenz und seiner Familie verbringen. Es war ein Weihnachten ohne Tannenbaum, ohne Geschenke, aber für mich war es das schönste Weihnachtsfest, das ich je gefeiert habe, denn Weihnachten im Kreise einer Familie habe ich nie erlebt. Außer mir und der Familie war auch noch ein guter Freund von Lorenz mit seiner Familie gekommen, sodass wir eine ziemlich große Runde bildeten. Lorenz saß mir gegenüber im Rollstuhl; er aß seine Suppe und trank Kräutertee. Es war schön. Dann war die Zeit für mich gekommen, ich musste zum Dienst und ging fort auf meine Station. Später erzählte mir Alex, wie sehr Lorenz sich über meine Anwesenheit gefreut hatte.

Alex übernahm während der ganzen Zeit, die ihr Mann krank war, die Rolle einer Krankenschwester. Sie wachte Tag und Nacht an seiner Seite und erfüllte ihm trotz ihrer Müdigkeit jeden Wunsch. Über sechs Jahre arbeite ich jetzt im Krankenhaus, aber nie habe ich eine solch aufopfernde und liebevolle Pflege erlebt. Ihre Fürsorge für Lorenz beeindruckte mich sehr. Die Familie meines deutschen Vaters wurde zu meiner Familie. Ich möchte sie nie mehr missen und immer für sie da sein, wie Lorenz all die Jahre für mich da war.

Die Zeit war gekommen, die Trauergäste verließen langsam den Saal und ich fuhr mit Alex, Paul und Lena nach Hause. Auf meinem Schreibtisch steht noch die Einladungskarte für die Trauerfeier mit dem Zitat von Michelangelo:

»Ich bin nicht tot, ich tausche nur die Räume.
Ich leb' in Euch und geh' durch Eure Träume.«

Mein Leben in Deutschland

Ich habe in Deutschland viele positive, aber auch ein paar negative Erfahrungen gemacht. Zu Beginn meines Studiums beispielsweise machte ich mich in Lübeck auf die Suche nach einem Zimmer. In der Zeitung fand ich etwas, das mir geeignet schien. Ich rief dort an und machte mich sofort auf den Weg, das Zimmer zu besichtigen. Als ich bei der Vermieterin klingelte und sie die Tür aufmachte, wirkte sie sehr überrascht, als sie mich sah. Sie war eine sehr nette Frau, und nachdem ich paar Tage dort gewohnt hatte, erzählte sie mir, dass sie am Telefon nicht hatte erkennen können, dass ich ein Ausländer bin, aber sie sagte natürlich auch, dass es für sie egal sei, ob ich Deutscher oder Ausländer bin.

Einmal hatte ich einen langen Tag an der Uni gehabt und keine Zeit zum Mittagessen. Abends wartete ich auf den Bus und ärgerte mich, dass er zu spät kam, weil ich großen Hunger hatte. Ich stieg mit meiner Tiefkühlpizza, die ich mir unterwegs noch schnell gekauft hatte, in den Bus und freute mich schon darauf, nach Hause zu kommen und endlich etwas zu essen. Zwei Frauen starrten mich an und tuschelten miteinander. Ich bekam mit, dass sie sich über mich unterhielten und dachte schon, ich hätte irgendwas in meinen Haaren oder mit meiner Kleidung wäre etwas nicht in Ordnung. Eine der Frauen fragte mich plötzlich: »Woher kommen Sie?« Sofort hörte ich, dass sie nicht aus dem Norden kommt, denn ihre Aussprache klang mir etwas fremd. »Wahrscheinlich kommt sie aus Bayern«, dachte ich mir. Die beiden Frauen warteten mit großen Augen auf meine Antwort. Ich wollte sagen, dass ich aus Hamburg komme, aber das wollten sie ja wahrscheinlich nicht wissen, daher sagte ich: »Aus Sri Lanka.« Dann fragte mich die Frau wieder: »Gefällt es Ihnen hier?« Ich sagte: »Ja, sehr«, und fragte zurück, woher sie kämen. Sie erzählten mir, dass sie aus Baden-Württemberg seien. Ich wollte dann nachfragen – es brannte mir auf der Zunge –, ob es ihnen im Norden auch gefällt, aber leider hielt der Bus an, und ich musste aussteigen. Ich wünschte den Damen einen schönen Tag und stieg aus. Damals hatte ich schon über acht Jahre in Hamburg gelebt und die beiden Frauen waren als Touristinnen in Lübeck und fragten mich, ob es mir hier gefällt. Eigentlich hätte ich die Damen fragen sollen. Ich fühle mich hier zu Hause und dann kommen solche Fragen, über die ich mich ärgern kann. Sie machen mich doch zu einem Ausländer mit ihren Äußerungen und Fragen. Ich ärgere mich nicht über die Deutschen, aber ich ärgere mich über solche gedankenlosen Menschen, die gar nicht merken, was sie da reden.

In Lübeck ist es schön, die Uni ist gut und meine Kommilitonen sind nett, aber dennoch vermisse ich meine Heimat Hamburg. Als ich einmal mit ein paar Freunden tanzen gehen wollte, machte ich wieder eine negative Erfahrung. Ich hatte von einer Diskothek auf einem Schiff gehört und war sehr neugierig darauf. An der Tür hielt mich der Türsteher auf und sagte, dass an dem Tag keine Ausländer reinkämen. Ich bat ihn, mir den Grund dafür zu nennen. Ein paar Ausländer hätten letztens Stress gemacht, sagte er, und deshalb dürfe ich nicht hinein, weil ich auch ein Ausländer sei. Was habe ich mit diesen Typen zu tun, die letztens Stress gemacht haben sollen? Haben alle Ausländer dieselben Verhaltensweisen oder denselben Charakter? Wenn ein paar deutsche Jugendliche Stress gemacht hätten, hätten dann die Deutschen nicht mehr reinkommen dürfen? Ich konnte es nicht begreifen. Leider war es nicht das einzige Erlebnis dieser Art, auch in einigen anderen Diskotheken wurde mir der Zutritt untersagt. In einer Diskothek fragten sie sogar nach einer Clubkarte, um mir nicht direkt ins Gesicht zu sagen, dass ich wegen meiner Nationalität nicht rein dürfe. Alle deutschen Jugendlichen spazierten, ohne Nachfrage nach einer Clubkarte, in die Disko. Ich konnte nichts dagegen tun, und nach dieser Aktion war mir die Lust am Feiern ohnehin vergangen. Nach diesen Erfahrungen schrieb ich folgenden Artikel, der in den »Lübecker Nachrichten« veröffentlicht wurde:

Ich habe es satt, Angst zu haben, aber es hört nicht auf

Jeden Tag denke ich an meine Eltern, die auf Sri Lanka geblieben sind, wo noch immer der Bürgerkrieg tobt. Wie gerne würde ich meine Familie aus dem Krieg herausholen und ihnen allen den Frieden schenken, aber dafür habe ich das Geld nicht. Wie gerne würde ich sie alle wiedersehen, aber dann spiele ich mit meinem eigenen Leben.

Ich habe sie seit neun Jahren nicht mehr gesehen. Meine Großeltern und viele meiner Freunde wurden ermordet. Ich bin nicht nach Deutschland gekommen, um zu schmarotzen, sondern weil meine Eltern um mein Leben fürchteten. Auf Sri Lanka werden Kinder auf dem Schulweg erschossen, 13-Jährige zum Krieg eingezogen. Ich bin wahnsinnig dankbar, in Deutschland leben zu dürfen. Aber Angst ist auch hier mein ständiger Begleiter. Ich fühle mich als Hamburger, sehe keinen Unterschied zwischen mir und Deutschen. Ich denke und träume auf deutsch, kann diese Sprache besser als meine Muttersprache. Deshalb mag ich es nicht, wenn andere mir das Gefühl geben, Ausländer und damit Außenseiter zu sein. Ich habe in Deutschland sehr viele gute, aber auch einige schlechte Erfahrungen gemacht.

Beispiel Lübeck: Es gibt mehrere Diskos in der Hansestadt, die ihre Türsteher anweisen, prinzipiell keine Ausländer reinzulassen. Als Begründung bekomme ich dann zu hören, dass irgendwelche Ausländer Stress gemacht haben. Zum einen hab ich noch nirgendwo Stress gemacht, zum anderen könnte man mit dieser Begründung auch allen Deutschen den Eintritt verweigern. Ich bin jung, ich will feiern. Das scheint in Lübeck aber nicht möglich zu sein, weil man mir leider ansieht, dass ich aus dem Ausland komme. Ich habe es satt, Angst zu haben, aber es hört nicht auf. Inzwischen gehe ich abends nur noch mit Handy aus dem Haus und wechsle die Straßenseite, wenn mir Leute entgegen kommen, die entfernt nach Neonazis aussehen. Im Grunde tun mir die Rechten fast leid, weil sie nicht in der Lage sind nachzudenken. Sie können ihren Hass nicht begründen, sind unfähig, schlüssig zu argumentieren.

Ein paar Tage nach der Veröffentlichung des Artikels bekam ich folgenden Brief von einer älteren Damen aus einem Seniorenwohnheim:

Lieber Herr Arunagirinathan,

sicherlich werden Sie sich wundern, von einer völlig Unbekannten einen Brief zu bekommen.

Ich las gestern in den »Lübecker Nachrichten« den Bericht von Ihnen, der mich erschüttert hat. Ich weiß um die traurigen Zustände in Ihrer Heimat.

Seit 1967 (!!) habe ich eine Schreibfreundin auf Sri Lanka (Hanguranketa). Ich bin schon 3x in Ihrer Heimat gewesen, das erste Mal 1972. Gebucht hatte ich eine Pauschalreise, teils in Mount Lavinia, dann noch Rundreise Anuradhapura, Mihintale, Pollunaruwa etc. Und am wichtigsten: 8 Tage im wunderschönen Hochland bei Anula in der Familie in Hanguranketa. Ich habe mich überhaupt nicht als Fremde gefühlt … Ich wurde sooo herzlich von allen Familienmitgliedern aufgenommen! Natürlich kam ich in eine ganz andere Welt …

Anula war vor ca. 15 Jahren bei uns in Lübeck. Eine große Freude für uns alle.

Die jüngste Tochter wohnt in London (verheiratet mit einem Ceylonesen. Ich war schon oft dort, auch umgekehrt die Familie hier).

Und nicht zu vergessen: Die Hochzeit des Sohnes Ajith in Kandy (170 Personen).

Alles unvergessliche Erlebnisse.

Ich möchte Ihnen sagen, es gibt auch noch Menschen, die keinen Unterschied machen zwischen dunkel- und hellhäutig. Wir sind eben alle Menschen.

Auch wir haben Angst vor diesen Typen, den sogenannten Rechten. Es sind meistens sehr dumme Leute, die wenig denken. Wir können nur wünschen, dass unsere Politiker energischer durchgreifen werden.

Es grüßt sie herzlich

Ilse W.

(Ich kann kaum noch schreiben, habe Polyneuropathie, sitze im Rollstuhl).

Wenn ich solche Briefe lese oder Menschen begegne, die so freundlich, so offen und herzlich sind, dann weiß ich, dass ich in Deutschland zu Hause bin. Ich wünschte mir, dass alle Menschen so verständnisvoll wären wie diese Frau. Dann würden Krieg und Elend endlich aufhören. Wenn die Menschen nur begreifen könnten, dass wir im Grunde doch alle gleich sind. Leider sind viele egoistisch oder habgierig oder einfach nur dumm. Aber es gibt auch andere Beispiele von Wärme, Zuneigung und Nächstenliebe. Ich hatte das große Glück, viel davon erfahren zu dürfen. Vielleicht macht mein Beispiel anderen Menschen Mut, offener zu sein und auf andere zuzugehen.

Nachsatz

Seit der Einnahme der Halbinsel Jaffna durch das singhalesische Militär leiden immer mehr Menschen, darunter schwangere Frauen und Kinder, unter mangelhafter Ernährung. Das liegt daran, dass die Menschen die vom Militär kontrollierten Gebiete verlassen haben und in die von den Tigers kontrollierten Gebiete geflüchtet sind. Daraufhin errichtete die singhalesische Regierung eine Wirtschaftsblockade rund um die Jaffna-Halbinsel. Singhalesische Soldaten fliegen immer wieder Bombenangriffe auf die Hütten der tamilischen Bevölkerung, angeblich, weil sie dort Mitglieder der Tamil Tigers vermuten. In Wahrheit handelt es sich um die armseligen Behausungen von Zivilisten, die in ständiger Lebensgefahr schweben.

Es gibt viele erschreckende Beispiele für die Brutalität und Rücksichtslosigkeit der Regierung, die jedoch kaum je bekannt werden. Ich weiß von einer tamilischen Familie, die sich in der Waldregion eine kleine Hütte gebaut hatte. Ein Flugzeug der Regierung warf eine Bombe auf dic Hütte, in der sich ihre drei Kinder versteckt hatten, als sie das Flugzeug kommen hörten. Alle drei Kinder wurden getötet. Als die Eltern zurückkamen, fanden sie nur noch die Überreste ihrer Kinder. Was müssen Eltern fühlen, die an einem Tag alle ihre Kinder verlieren? Der Vater sammelte die kleinen Überreste seiner Kinder ein. Er sammelte Finger, Füße und Teile des Kopfes zusammen, um sie beerdigen zu können. Wie muss sich dieser Vater dabei gefühlt haben? Die Eltern flüchten meist, weil sie ihre Kinder vor dem Krieg retten wollen, aber wenn die Kinder getötet werden, gibt es für die Eltern keinen Grund mehr zur Flucht. Der einzige Wert, den sie schützen wollten, die Kinder, sind nicht mehr da, nichts bleibt ihnen. Dieser Vorfall ereignete sich nur wenige Wochen nach dem Besuch eines UN-Botschafters.

In den Zeitungen sah ich vor kurzem, wie singhalesische Soldaten stolz ihre Beute präsentierten. Die Beute war nicht etwa ein Tier, nein, es war eine fünfzehnjährige Freiheitskämpferin, die die Soldaten eingefangen hatten, um sie vorführen und demütigen zu können. Es sind so viele Kinder, die freiwillig zu den Tamil Tigers gehen, da sie durch singhalesische Soldaten ihre Eltern und Geschwister verloren haben.

Es gibt immer mehr Kinder, denen als einzige Überlebende ihrer Familien nur das Betteln bleibt. Sogar beim Betteln werden viele Kinder auf der Straße von Soldaten erschossen. Viele haben ihr Heim verloren und wissen nicht, wo sie hingehen sollen. Also schließen sie sich den Tamil Tigers an, die sie vor den Soldaten beschützen und ihnen vor allem etwas zu essen geben. Ausländischen Hilfsorganisationen wird in bestimmten Gebieten, in denen Hunger und Not herrschen, von der Regierung der Zutritt untersagt. Die Medien sind überwiegend gleichgeschaltet, so dass im Inland kaum eine Zeitung wagt, über die Gräueltaten der Regierung zu berichten.

Auch in Colombo gibt es keine Sicherheit für die Tamilen. Tamilische Schüler wurden in einer Schule von bewaffneten Banden ohne Grund so zusammengeschlagen, dass sie ins Krankenhaus gebracht werden mussten. Solche Vorfälle ereignen sich häufig. Die Polizei stellt sich blind und geht den Vorfällen nicht nach, denn schließlich sind es ja »nur« die Tamilen, die verletzt werden.

Im Norden ist es an der Tagesordnung, dass die Soldaten in die Schulen eindringen und während des Unterrichts Lehrer verhören oder unschuldige Schüler verhaften. Die Soldaten bringen meist einen »maskierten Kontrolleur« mit, der mit einem Kopfnicken zeigt, wer die Tigers unterstützt. Niemand weiß, ob der Mann, der sich hinter der Maske versteckt, wirklich die Wahrheit sagt oder einfach nur aus Angst um sein eigenes Leben nickt. Es spielt auch keine Rolle. Die singhalesische Regierung will damit nach außen den Eindruck erwecken, konsequent gegen die Terroristen vorzugehen. Aber wenn sich ein Junge den Tamil Tigers anschließt, geht er nicht mehr zur Schule. Diese Aktionen sind daher vollkommen sinnlos und sorgen nur dafür, dass ein Volk langsam aber stetig vernichtet wird. Niemand kümmert sich darum. Niemand bestraft die Schuldigen, nein, die westlichen Staaten geben der singhalesischen Regierung sogar Geld als Entwicklungshilfe, mit dem diese dann aber Waffen kauft. Das Elend meines Volkes ist unvorstellbar.

Viele Tamilen versuchen durch Hungerstreiks der Welt zu zeigen, wie brutal sie von der Armee behandelt werden. Menschen, die eh schon unter Mangelernährung leiden, treten in den Hungerstreik, um die Weltöffentlichkeit darauf aufmerksam zu machen, dass die Regierung Lebensmittel als Waffen benutzt. Die Regierung versucht durch die Lebensmittelblockade die Menschen auszuhungern und dadurch gefügig zu machen.

Auf Sri Lanka werden die Rechte der Tamilen immer mehr beschnitten. So haben sie zum Beispiel keine Erlaubnis, sich im Süden des Landes in privaten Pensionen aufzuhalten. Die singhalesische Regierung will die eingereisten Tamilen die ganze Zeit beobachten und kontrollieren. Sie müssen sich in staatlichen Unterkünften einquartieren. Die meisten privaten Pensionen werden aber von Tamilen betrieben und wenn sie keine Gäste mehr aufnehmen dürfen, verlieren sie ihre einzige Einnahmequelle. Viele junge Tamilen müssen sich, wenn sie sich in Colombo aufhalten, wöchentlich bei der Polizei melden. Die Regierung will sogar andere Ausweise für die Tamilen, die aus dem Norden geflüchtet sind, ausgeben als für diejenigen, die schon längere Zeit in Colombo leben.

Bis auf wenige Ausnahmen nimmt die Weltöffentlichkeit keine Notiz von den brutalen Übergriffen des singhalesischen Regimes. Mir ist nur ein besonders scheußlicher Fall bekannt, der nicht so ohne weiteres unter den Teppich gekehrt werden konnte. Der Mord an einer Schülerin hatte im In- und Ausland Entsetzen und Bestürzung hervorgerufen. Auf internationalen Druck war die singhalesische Regierung gezwungen worden, den Tod dieses jungen Mädchens zu untersuchen. Sie war nach ihrer Abiturprüfung nicht nach Hause gekommen. Als ihre Mutter und ihr Bruder sich auf die Suche nach ihr machten, verschwanden auch sie. Es gab Zeugen, die gesehen hatten, wie das Mädchen an einem Checkpoint von Soldaten verschleppt wurde. Sie wurde von ihnen vergewaltigt, getötet und am Ende vergraben, um die Tat zu vertuschen. Ihre Verwandten, die zum Checkpoint gegangen waren und nach ihr gefragt hatten, wurden ebenfalls getötet und vergraben. Erst durch die Recherchen verschiedener Menschenrechtsorganisationen kam dieser Fall ans Licht. Die Regierung versuchte, den Zeugen zu drohen und die Ermittlungen zu behindern, damit die Außenwelt, wie so oft, über die Gräueltaten nichts erführe. Es dauerte zwei Jahre, bis die schuldigen Soldaten in Colombo schließlich bestraft wurden. Einer der Angeklagten nahm Stellung zu seiner Tat: »Wir haben nur die Befehle unserer Offiziere befolgt. Die Leichen, die angeliefert wurden, haben wir nur vergraben. Wenn Sie möchten, sind wir auch bereit, Ihnen die vierhundert Leichen in Semmani (Ort auf Sri Lanka) zu zeigen. Wir haben nur das gemacht, wozu wir den Befehl hatten ...«

Nach dieser Aussage wurde der Soldat im Gefängnis schwer misshandelt. Als eine Delegation von Amnesty International den Angeklagten im Gefängnis besuchte, äußerte er sich folgendermaßen über das Geschehen: »Nach der Anhörung war ich in einer Einzelzelle unter strenger Aufsicht eingeschlossen worden. Am 23.08.98 kamen ein Offizier und vier Wärter mit einem Brief in der Hand zu mir und wollten mich zwingen, diesen zu unterschreiben. Das Schreiben hatte folgenden Inhalt: Ich sei in letzter Zeit psychisch gestört gewesen und nur deswegen hätte ich vor Gericht Derartiges ausgesagt. Alles, was ich gesagt habe, entspreche nicht der Wahrheit. Es gebe in Semmani keine Massengräber. Als ich mich weigerte, den Brief zu unterschreiben, haben sie angefangen, mich zu schlagen. Als ich keinen anderen Ausweg mehr sah, steckte ich mir den Brief in den Mund. Daraufhin schlugen sie mich noch heftiger und versuchten mit Gewalt den Brief zurückzubekommen. Mir blieb nur noch die Möglichkeit, das Papier herunterzuschlucken. Sie schlugen mich weiter und ich musste ins Gefängniskrankenhaus.«

Bis heute hat sich an der Situation der Tamilen nichts geändert. Angst und Tod sind für die Menschen auf Sri

Lanka allgegenwärtig, egal, wie friedlich und idyllisch sich die Touristenenklaven präsentieren. Und es ist kein Ende in Sicht. Ich wünsche mir so sehr Frieden für das Land, aber solange die singhalesische Regierung die Tamilen nicht als gleichberechtigten Teil der Bevölkerung ansieht, wird es keinen geben können. Ich hatte Glück, ich bin in Sicherheit, aber ich lebe in ständiger Sorge um meine Eltern. Sie haben alles für mich getan und bekommen so wenig dafür. Ein Leben in Frieden, für uns so selbstverständlich, ist vielen Menschen einfach nicht vergönnt.

Die singhalesische Regierung trägt die Züge einer Militärdiktatur, die ihre Machtansprüche notfalls mit Gewalt durchsetzt. Es ist ihr erklärtes Ziel, über ganz Sri Lanka zu herrschen; einen unabhängigen Tamilenstaat lehnt sie kategorisch ab. Auch das Wohl der singhalesischen Bevölkerung liegt ihr nur bedingt am Herzen; in erster Linie geht es ihr um ihren eigenen Machterhalt. Aus diesen Gründen haben sich radikale Organisationen wie die Tamil Tigers im Norden und die JVP im Süden überhaupt erst gebildet. Solange die singhalesische Regierung nicht zum Einlenken bereit ist, wird es keinen Frieden auf Sri Lanka geben. Selbst die Vermittlung der Norweger, die sich seit einigen Jahren stellvertretend für die ganze westliche Welt für den Frieden auf Sri Lanka engagieren, hat die Regierung bisher nicht zu einem Kurswechsel bewegen können. Wirtschaftsembargos treffen immer die Falschen, nämlich die Ärmsten der Armen, und die Tatsache, dass die LTTE als terroristische Vereinigung gilt, trägt nicht eben dazu bei, international Sympathien für das Anliegen der Tamilen zu wecken. Ich hoffe, mit meinem Buch zumindest ein wenig Aufmerksamkeit für mein Volk erreichen zu können.